MEU NOME É FRANCISCA

Mary Del Priore

MEU NOME É FRANCISCA

UMA HISTÓRIA DE CHICA DA SILVA

1ª edição

JOSÉ OLYMPIO

Rio de Janeiro, 2026

Todos os esforços foram feitos para localizar os fotógrafos das imagens e os autores dos textos reproduzidos neste livro. A editora compromete-se a dar os devidos créditos em uma próxima edição, caso os autores as reconheçam e possam provar sua autoria. Nossa intenção é divulgar o material iconográfico e musical, de maneira a ilustrar as ideias aqui publicadas, sem qualquer intuito de violar direitos de terceiros.

Capa e caderno de imagens: Anderson Junqueira

Imagem de capa: *Baiana*, autor desconhecido, [s.d.], óleo sobre tela, 95,5 x 76,5 cm. Reprodução.

CIP-BRASIL. CATALOGAÇÃO NA PUBLICAÇÃO
SINDICATO NACIONAL DOS EDITORES DE LIVROS, RJ

D375m Del Priore, Mary, 1952-
Meu nome é Francisca : uma história de Chica da Silva / Mary Del Priore. - 1. ed. - Rio de Janeiro : José Olympio, 2026.

ISBN 978-65-5847-202-5

1. Silva, Chica da, m. 1796 - Biografia. 2. Mulheres escravizadas - Brasil - Biografia. 3. Ficção histórica brasileira. I. Título.

25-101805.2 CDD: 920.72
CDU: 929-055.2(81)

Carla Rosa Martins Gonçalves - Bibliotecária - CRB-7/4782

Este livro foi revisado segundo o Acordo Ortográfico da Língua Portuguesa de 1990.

Reservam-se os direitos desta edição à
EDITORA JOSÉ OLYMPIO LTDA.
Rua Argentina, 171 – 3º andar – São Cristóvão
20921-380 – Rio de Janeiro, RJ
Tel.: (21) 2585-2000.

Seja um leitor preferencial Record.
Cadastre-se em www.record.com.br
e receba informações sobre
nossos lançamentos e nossas promoções.

Atendimento e venda direta ao leitor:
sac@record.com.br

ISBN 978-65-5847-202-5

Impresso no Brasil
2026

MEU NOME É FRANCISCA

Meu nome é Francisca. Não se sabe quando vim ao mundo. Um dia qualquer entre 1731 e 1735, no arraial do Milho Verde. O vilarejo ficava distante seis léguas de Santo Antônio do Tijuco, hoje Diamantina, às margens do riacho Fundo. Riacho de águas claras e correntes, mas, também, de águas violentas que os homens interrogavam em busca de riquezas. O chão de onde nasci é uma mistura de pedras e águas, de aridez e doçura. Nele brilham como estrelas a rosa-do-campo, o chuveirinho e a lobeira. Sou filha da escrava* Maria da Costa e do branco Antônio Caetano de Sá, capitão das Ordenanças de Itatiaia e Bocaina, distritos de Vila Rica, hoje Ouro Preto. Minha mãe chegou aqui ainda criança. Veio da Costa da Mina, região conhecida pela beleza de suas mulheres, numa leva de escravos escoltada pelo negro forro Domingos da Costa. Não sei se foi sua amante, mas tomou seu nome.

Dessa mesma região, cativos foram importados em massa para Minas Gerais. Foi a época em que nas lavras de cascalho de ouro começaram a aparecer umas pedrinhas brilhantes e duríssimas. Eram guardadas como curiosidades

* Expressões como "escravo", "mulato" e "índio" (e seus derivados) são utilizadas nesta obra sempre em referência ao contexto de época. Tais expressões faziam parte do vocabulário de Chica da Silva e são reproduzidas com o objetivo de oferecer veracidade ao discurso em primeira pessoa intencionado pela autora. Compreende-se importante revisão feita nos últimos anos por movimentos sociais que denunciam a acepção racista que essas palavras implicam a pessoas pretas, pardas e indígenas. (N. da E.)

ou usadas como peças para marcar os jogos de gamão. As pedrinhas eram diamantes. E o arraial de Santo Antônio do Tijuco começou a viver seu grande destino, principalmente depois que a fama das gemas chegou a Portugal.

Nada sei sobre meu pai ou como conheceu minha mãe. Sei que ela se alforriou, e deu à vida o rumo que quis. Amasiada com um ferreiro, apanhava muito e foi acusada de "deitar-se com todo homem que se lhe oferecesse". Seu apelido? "A vassoura." Anos depois, já se encontrava em casa própria, na rua do Macau, no Tijuco. Na velhice, muito piedosa, assistia às missas e distribuía generosas esmolas. Ela mesma se dizia identificada à santa pecadora Maria Madalena. Era preta e foi puta, mas vizinha de gente branca e parda de bom nível econômico.

Contam que minha mãe esperou agachada os sinais do parto. Entre goles de caldos de galinha com canela, ela se mostrou "rija e varonil" para enfrentar as dores. Na tradição de seu povo, só assim, para dar à luz uma criança corajosa. Portanto, nada de choro. Amarrados ao seu ventre, relíquias e cordões coloridos capazes de assegurar um parto tranquilo. No joelho esquerdo, uma pedra chamada "de Mombaça", cuja função era atrair a criança para fora do útero. As comadres gritavam: "puxa, Maria, puxa!"

Vim ao mundo entre preces e gritos de alegria. Ao nascer, meu corpo molengo foi banhado em cachaça. Minha cabeça foi modelada pelos dedos finos de minha mãe e o umbigo recebeu pimenta moída para cicatrizar. Fui enrolada em panos embebidos numa infusão de folhas consideradas mágicas e, num rito de iniciação ao mundo dos vivos, submergiram-me três vezes na água.

Depois, fui batizada na capela de Nossa Senhora dos Prazeres, na vila do Príncipe, por um padre coberto com uma estola roxa. Protegida por deuses de pretos e de brancos, escapei das doenças que matavam crianças: febres, diarreia, tifo e tuberculose. Lembro ainda de alguns sons que invadiram minha infância passada na vila do Príncipe, onde cresci: o repique dos sinos chamando para a missa e anunciando nascimentos e mortes. Portas adentro, lembro bem do crepitar do fogo aceso para afastar coisa-ruim, o Legbá, e para pedir a proteção de Ogum, senhor do ferro, e de Iemanjá, a quem pertencia o ouro. Ou ainda o nhém-nhém do descaroçador de algodão e da roda de fiar para fabricar panos. Portas afora, as vozes masculinas dos que iam e vinham entre as roças e as lavras. Às vezes rufavam tambores para acordar os sonolentos ou dar notícias de Portugal. Era assim que o governador fazia chegar suas ordens aos que, como nós, ele julgava "não ter inteligência para ler despachos".

Quando descia a noite e a cerração ocultava as montanhas, o urro da suçuarana e o uivo do lobo-guará davam medo. Mãe dizia que era o Quimbundo que rondava a casa, assustando criança malcriada. Quando cresci, descobri que eram apenas os bichos da mata. Quando chovia, as águas avolumavam os rios, que mudavam de voz. Do canto cristalino passavam a rugir. Das nuvens, raios e trovões fulminavam a serra do Espinhaço, fazendo rolar pedras. Espíritos se mexiam dentro da montanha. Eu dormia embalada pelo coaxado grave de rãs de um amarelo-dourado que a gente encontrava pelos cantos. Ou pela voz da mãe cantando:

Vamos atrás da Sé
Na casa da sinhá Tété
Caiumba
Ver a mulatinha
De cara queimada
Quem foi que a queimou
A senhora dela
Caiumba
Por causa do peixe frito
Que o gato comeu...

Assim que fiquei em pé, ajudava à mãe. Dava milho às galinhas, levava e trazia recados, catava feijão. Como tantas crianças pequenas, andava pelada ou com uma camisola curta. Era fácil *sumsum* ou limpar-se. Entre uma coisa e outra, brincava também com pedrinhas, insetos, espigas de milho. Procurava ninho de periquito-do-campo para ver os ovinhos. Tomava banho de rio, corria atrás das bandeiras vermelhas da procissão do Divino Espírito Santo, esmolava para a festa de São Benedito e tinha muita goiaba e banana-da-terra para matar a fome.

Diziam que eu era parda ou mulata. Ou seja, na língua de minha mãe eu era *bõubi*. E eu brincava com outras tantas crianças pardas ou mulatas. Ter pai branco e mãe preta era normal. A maioria dos casais no Tijuco era misturada. As mães conversavam entre si. Falavam sua língua, a mina-jeje. Muitas tiveram pais, mães ou foram, elas mesmas, embarcadas no porto de Ajudá. De onde veio minha mãe, as mulheres eram muito procuradas, tinham grande valor. Significavam parentela extensa, família, status. E custavam caro nos mercados. Lá, um marido podia ter muitas mulheres. Ter muitas mulheres significava ter muitos filhos, e tudo junto significava mais braços para trabalhar na terra. A riqueza extraída do chão fazia a riqueza do marido. Já aqui, onde moro, mulheres custam menos do que homens. E eles só podem ter uma, porque é assim que a Igreja Católica quer.

Da minha gente se dizia que tinha o poder de descobrir ouro. Os pretos conheciam mais sobre garimpagem do que os brancos. Tinham saberes sobre como faiscar, recolher o ouro passando pela lama da peneira e lavar as pepitas soltas. Inventaram bateias e gamelas de madeira para separar o ouro dos diamantes. Cobriam-se de couro de boi para se proteger das águas geladas em que mergulhavam. Ninguém fazia igual a eles, e quem achava um diamante grande ganhava a liberdade. E depois de livre... Ah! Enriquecer.

Todos falavam de Quitéria Alves da Fonseca. Escravizada na Costa da Mina, comprou sua libertação e tinha seis escravos, três homens e três mulheres faiscando e lhe prestando serviços. Ou de Alexandre e Maria Correia, donos de dez cativos e uma lavra só deles. Aliás, as lavras se multiplicaram enquanto eu crescia. Se antes a mineração era clandestina, agora o vilarejo inchava também sob o olhar vigilante da Coroa portuguesa. Ganhou então uma praça com a igreja matriz de Santo Antônio e ruas retas.

Filha de escrava, escrava é. E, portanto, ainda menina fui vendida para o médico português Manuel Pires Sardinha. Ele vivia de explorar cativos nas suas lavras de ouro e de fazer algum serviço de medicina. Era importante, pois juiz na Câmara da Vila do Príncipe e considerado "homem bom", ou seja, da elite da região. Em sua casa, passei de menina a moça, servindo à mesa, preparando comida e fazendo limpeza.

E eu não estava só. Dividia tudo com duas companheiras de cativeiro: Antônia e Francisca Crioula, assim chamada porque *vigidòdé*, filha da terra, nascida de pais escravos brasileiros. Conosco, o casal de escravos Manuel Gonçalves, casado com Maria Crioula, suas três filhas, Teresa, Gertrude e Maria, e os gêmeos, José e Francisco. E ainda os cativos José, Paulo, Ventura, Felipe, João e João Mina. Por ter tantos cativos trabalhando para ele, o senhor, que era solteiro, ficou tão rico! Nós, meninas, lavávamos roupa, buscávamos água para uso da casa no chafariz da rua de Santo Antônio e vendíamos quitutes pelas ruas. Aos domingos, acompanhávamos nosso senhor à missa.

Ele entrava e nós ficávamos com outros escravos do lado de fora, ouvindo o padre falando latim e a música do coro, que escapava. Os músicos eram mestiços. Mestiços também os anjos pintados no forro. A beleza dos altares dourados, os santos com suas roupas esvoaçantes e olhos de pedras preciosas, as vozes angelicais, tudo nos transportava para o mundo dos brancos. O som de violinos, violas, harpas, clarinetes obedeciam ao trovejar do órgão tocado pelos dedos do mulato José Joaquim Emerico Lobo de Mesquita, admirado por todos nós. Por vezes, acordes de uma contradança invadiam os ares e os fiéis aproveitavam para conversar. O padre escalava o púlpito e trovejava: "Deus não dava licença ao Diabo em sua Casa!" Silêncio. Era o momento de contrição. Ele mandava que os brancos se arrependessem dos pecados e aí ecoava na capela uma saraivada de bofetadas, que eles mesmos se aplicavam na cara. Tapávamos a boca e nossos ombros tremiam de tanta risada.

Não recebíamos educação de branco. Só a religiosa, que era, segundo a Igreja, obrigatória. E essa obrigatoriedade acabou empurrando o catolicismo para dentro dos rituais que herdei das terras de minha mãe: "O kêrêkêrê – relampejou! Pelo Cálice e pela Hóstia! (...) Noé, Noé, Sua barca é-vem! É-vem cheia de caboco, completa ou sozinha sem mais ninguém."

Botei corpo e fiquei moça e bonita – é o que dizem. Então, meu senhor me fez um filho. Ao mesmo tempo fez um filho à Francisca Crioula. Dei ao meu o nome de Simão e o pai o alforriou na pia batismal. Deu-lhe também como padrinho o capitão Simão da Cunha Pereira, de quem meu filho levou o nome. Embora eu soubesse que na terra de minha mãe um marido podia ter várias esposas, aqui a Igreja não permitia a poligamia. E, por isso, fomos todos, senhor e escravas, denunciados pelo "público e escandaloso crime" de concubinato, ao visitador eclesiástico que, em nome do bispo Manuel da Cruz, corria as Minas Gerais atrás de pecados da carne e da fé. O ano era de 1753, e meu senhor foi "paternalmente admoestado para que se apartasse da ilícita comunicação". Fomos o único caso de bigamia dessa visita pastoral. As visitas se realizavam de dois em dois anos e eram uma investigação sobre a moral das pessoas. Eu assinei os papéis do processo com um X. Não sabia escrever e a outra Francisca também não.

"Escândalo", como queria a Igreja? Devassidão e promiscuidade, como acusavam os padres? Não. Desse pecado ninguém tinha medo. Não adiantava ameaçar com prisão ou excomunhão. Pois quase a totalidade da população vivia em concubinato. Isso permitia à Igreja cobrar multas dos pecadores. Os moradores, que em sua maioria viviam concubinados, não se calavam e reagiam. Reclamavam às autoridades civis. Detestavam ter que pagar as altas taxas cobradas em ouro e a intolerância dos religiosos.

Por isso, os casais usavam de vários artifícios para não serem acusados e enganar os visitadores. Morar em casa separadas era um deles. Tirar a concubina de casa quando da sua chegada, mandando-a para casa de amigos e compadres, era outra. Pois eu mesma não vi passar Brites, a negra de Francisco Xavier, a cavalo, a caminho do sítio, quando chegou o visitador? O silêncio das montanhas era aliado dos amantes.

Mais difícil era enganar os delatores, movidos por picuinhas ou interesses. As maledicências crepitavam por praças e ruas, alimentando denúncias. Mas ninguém se importava muito, pois havia casais, fortemente ligados, que atravessavam uma vida inteira. Era gente que se queria bem, que lutava para ficar junto, que, unida, trabalhava para sobreviver. Afeto, filhos, ciúmes, brigas, mas, sobretudo, estabilidade era o que desejavam. Era, também, o que escandalizava os padres, que, por sua vez, planejavam casar todo mundo na igreja. Ora, até as autoridades que vinham do Reino ou ainda muitos padres acabavam eles mesmos por viver juntados. A verdade é que bem longe da moral cristã e das exigências da Igreja, os casais brancos, pretos e mestiços, ricos ou pobres preferiam ter uniões estáveis, sem a bênção de um padre.

O que a gente da Igreja não entendia, nem tampouco os brancos é que, para nós, africanas e filhas de africanas, viver solteira ou em concubinato valorizava as tradições de poder da mulher dentro da família – as tradições matrilineares. Ter filhos com homens diversos não importava, uma vez que o que valia era o sangue da mãe. Ela era o esteio, a fonte de sustento e da formação das crianças. E a criança pertencia à família, à linhagem. A mãe era a árvore que dava sombra e fruto a filhos e parentes. Ela era ninho e nó. Cuidava e mandava. Premiava e castigava. Ninguém matava os filhos, como dizem por aí de escravas que, em desespero, prefeririam vê-los mortos. Só se eles nascessem com dentes, de costas ou albinos, pois eram considerados encarnações de feiticeiros ou mortos-vivos capazes de comprometer os parentes.

Mães e filhos, portanto, iam trabalhar juntos. Muitos filhos, até de homens diferentes... o trabalho fortalecia os laços entre eles. Na África, filhos eram a razão de existir sobre a terra. Insisto: filhos. Não o casamento. Até a intimidade entre os casais era desaconselhada, pois ela criava ciumeira com outras esposas. Pensar diferente, pertencer a outra cultura, dividir um homem com outra mulher, nada disso nunca foi um obstáculo para viver com alguém.

Além do mais, o casamento com pessoas de cor muitas vezes não acrescentava bens, nem garantia um mar de rosas. Tantas de nós se queixavam que seus maridos não colaboravam para construir patrimônio, que seria fruto exclusivo de nossa "agência e trabalho".

Acusavam os parceiros de beber em excesso ou de nos maltratar. Vindos de nações onde o patriarca, o chamado "Papai" ou *babá*, tinha muitas mulheres e controlava sua sexualidade por meio da ablação do clitóris, por considerá-lo impuro, feio e capaz de matar uma criança na hora do parto, homens pretos tinham condição privilegiada. Bater na mulher para castigá-la, submetê-la ou repudiá-la em caso de esterilidade era normal. Para nós, melhor, portanto, o concubinato com brancos, pois havia chance de ganhar patrimônio, branquear a descendência e obter alforria.

Ora, tão logo o visitador terminava sua temporada de acusações e punições, tudo voltava a ser como antes. Mulheres e homens retornavam ao seu ganha-pão e a dividir a cama, a esteira ou a palha. Na casa de meu senhor vivíamos todos juntos. Vivíamos bem. E ao falecer, ele reconheceu e nomeou como herdeiros seus três filhos naturais, sendo Simão um deles. E foi claro ao testador: libertava-os "pelo amor que lhes tinha". As crianças mestiças como Simão eram alforriadas e muitas recebiam herança dos pais. Iam viver como gente branca na sociedade fluida que era a mineira.

Amor aos filhos? Sim. Só sentimentos fortes justificam que tantos pais brancos chamassem o padre e na hora da extrema-unção fizessem seu testamento, lembrando de cada um, especialmente das meninas, a quem sempre legavam mais ouro, escravos ou dinheiro, para lhes garantir um dote para um futuro bom casamento. Era conhecido o caso das cinco filhas mulatas de Jacinta de Siqueira, todas legalmente casadas com homens brancos e inseridas na melhor sociedade. Das filhas era exigido apenas que se "educassem... até tomarem estado de casadas", ou seja, que se conservassem virgens. Outras eram enviadas a conventos em Portugal.

Ah! O enriquecimento dos mulatos apavorava as autoridades. Rapidamente eles ocupavam cargos públicos. Subiam a escada social. Houve até bispos, como d. Lourenço de Almeida, que quis proibir o direito à herança aos filhos mestiços! Também não funcionou. A mestiçagem foi uma avalanche. Caiu por terra o critério de "defeito de mulatice", e crianças como Simão puderam sonhar em ser padres, vereadores, capitães de milícias e até em estudar em Coimbra, para onde Simão foi enviado, entre tantas outras coisas. Ou viajar para a França e estudar medicina como foi Teodósio, filho da mulata Lourença Batista com seu senhor, João Fernandes, de quem falarei mais tarde. Meu Simão, além de herdar um patrimônio de filho quase legítimo, receberia um dia a maior honraria que um indivíduo não nobre pudesse receber no Reino de Portugal. Mas isso contarei depois...

Na nação mina-jeje, da qual veio minha mãe, a educação das meninas consistia em prepará-las para ganhar a vida exercendo atividades autônomas. E ainda que casadas com maridos autoritários, pois o patriarcado era fortíssimo, sua atividade econômica e a liberdade em dispor de seus próprios bens era lei. A tradição de ganhar dinheiro fazendo negócios veio do outro lado do Atlântico. Muitas de nós "viviam de seus negócios", moravam sozinhas em casa própria e enriqueciam por próprio esforço. Na rua do Rosário, por exemplo, quantas vezes não passei na frente da casa onde morava a crioula Rita Paes Gouveia? Ela tinha oito escravos. Já Maria do Rosário da Encarnação era proprietária de quatro casas. Alugava três, e na sua mandou fazer um luxuoso oratório particular, pintado com anjos e santos coloridos. Sua sabedoria, assim como a de muitas outras, consistiu em adaptar suas tradições, buscar mobilidade, ascensão e riqueza, num jogo hábil entre sedução e resistência frente a detestada escravidão.

A vida seguiu e, em 1754, tornei-me Francisca da Silva, parda forra. O sobrenome era geralmente adotado por gente sem origem definida. O importante é que ganhei liberdade sem apadrinhamentos. Pouco depois me tornaria dona Francisca da Silva Oliveira. Como? Agora conto essa história.

Passada a visita pastoral que o acusou de bigamia, meu senhor resolveu me vender. Vendas eram comuns quando o senhor empobrecia ou morria e seus parentes preferiam se desfazer da escravaria. Ou quando ele tinha dívidas e o cativo entrava como parte do pagamento. Ou, ainda, quando o cativo era doente, desobediente ou fujão. Ou quando o visitador exigia "lançar fora" de casa a concubina escrava. O valor de cada cativo era determinado por sexo, idade, doenças e lesões. Ruim seria ser vendida para outra casa longe do Tijuco, onde eu conhecia tanta gente. Eu sabia de muitas histórias de escravos que se rebelavam e fugiam quando eram separados de familiares ou amigos. O senhor novo ofereceu bom preço? O senhor velho preferiu ficar com Francisca? Nunca soube os pormenores, mas fui vendida por 800 mil réis e minha vida mudou.

* * *

No segundo semestre de 1753, mudei-me para a casa de meu novo senhor, João Fernandes de Oliveira. Ele era jovem, e meu antigo senhor era velho. Ele tinha cabelos longos que atava numa fita de seda, e meu antigo senhor tinha só alguns fios brancos que se colavam à cabeça. Ele tinha pernas fortes, e meu antigo senhor tinha-as finas. Ele tinha belos músculos, e o outro tinha uma barriga dura que pulava para fora do colete. Meu antigo senhor era *hinharam-gampê*, feio. O novo era *hinhogampê*, atraente. Eu também. Éramos ambos jovens e cheios de vontades. E aconteceu o que costumava acontecer. Passei a dormir em sua cama.

Ele nasceu na vila do Ribeirão do Carmo, atual Mariana, em 1727. Era só um pouco mais velho do que eu. Tinha cinco irmãs, todas freiras no convento de Madre de Deus de Monchique, na cidade do Porto, no Reino. Seu pai era conhecido contratador de diamantes que teve altos e baixos. Remediou, depois que perdeu a esposa, casando-se com uma viúva rica. Ela relutou, mas pagou suas dívidas, e dizia-se que o detestava. Ele, por seu lado, teve um filho com a cativa Lourença Batista, o futuro médico Teodósio, além de ter criado em casa, "com toda a honestidade e recolhimento", a filha de seu amigo Domingos Pinto Machado com a escrava Joana Pinta, a pequena Rita. Quando chegou em idade de se casar, arranjou para a órfã um marido branco e pagou-lhe o dote que seu pai lhe deixara, não sem antes usar um pouco do dinheiro.

Depois de aprender letras e números com um padre-mestre e de receber a primeira comunhão, meu senhor-moço saiu de casa aos 13 anos. Apesar de enfrentar reveses financeiros, seu pai o enviou para Portugal. Queria que ele obtivesse um grau universitário, condição para ocupar qualquer cargo burocrático no Império e sinônimo de prestígio. Entre menino e jovem, fez a longa e perigosa viagem que levava da fazenda da Vargem, em Paracatu, ao Rio de Janeiro. Foram 45 dias pelo chamado Caminho Novo, cruzando precipícios e perigos da Serra do Mar. Lá chegando, foi morar na casa da avó materna, no bairro da Sé, no largo do Rosário, até embarcar para Lisboa. Por mar, a viagem durou entre oitenta e noventa dias e as embarcações partiam juntas, cerca de cem, para afastar o perigo de piratas. As naus mercantes levavam mercadorias e viajantes e iam comboiadas por pequenos galeões de guerra. A travessia da "cintura do mundo", como era conhecida a linha do Equador, era repleta de calmarias ou tempestades que apavoravam. Que alívio entrar na barra do Tejo com suas fortalezas e palácios ao fundo!

Meu senhor-moço me contou coisas da capital do Reino, onde o mora o rei a quem curvamos a espinha mais do que aos nossos senhores brancos. O ouro que escorria de Minas Gerais para Portugal, d. João V gastava em obras que meu senhor-moço viu sair da terra: o aqueduto das águas livres ou o hospital de Caldas da Rainha. O rei cobriu de riquezas a Capela Real. Ele tinha por concubina uma freira em quem fez três filhos, numa banheira de ouro que mandou esculpir na Inglaterra. Já na pobreza, enfiado em casinhas que serpenteavam entre ruas sujas e quintais enfezados, o povo sonhava em vir para cá, se rebolcar na lama dos rios em busca de esfarrapada fortuna.

Contou-me ele que logo foi internado no seminário de São Patrício, dos padres jesuítas. Suas pesadas muralhas brancas com ares de prisão se erguiam na paróquia de São Mamede. As raras janelas tinham grades. A disciplina era rigorosíssima para fazer entrar na cabeça dos estudantes desde gramática e ortografia a filosofia, latim, grego e oratória. Sem contar as severas regras morais com que os jovens eram fustigados. Pecar por pensamentos ou obras? Proibido. Deus estava em toda a parte. Ele tudo via e o Diabo, a tentar a carne, também. Penitências, castigos e ameaças com o fogo do Inferno atemorizavam. Orações, missas, contemplação, a mesada estreita, o frio, a alimentação insuficiente, tudo lhe pareceu um sacrifício para alcançar o objetivo determinado por seu pai. Mas ele alcançou. E depois de cumprir os quatro anos regulares, meu senhor-moço completou o bacharelado em 1747, formando-se em 1748. O pai lhe comprou um título da Ordem de Cristo e, numa festa na igreja de Nossa Senhora da Conceição, meu senhor-moço, vestindo espada, capacete e esporas, fez voto de pobreza, obediência e castidade. Sobre esse último voto dei risada.

Tudo indicava que ele ficaria em Lisboa fazendo carreira de advogado. Mas o poder de seu pai e das amizades influentes o fizeram desembargador aos 25 anos. Foi quando seu pai resolveu enviá-lo a Minas, para, em seu lugar, explorar um novo contrato de diamantes no Tijuco. Assim, meu senhor-moço veio cair nos meus braços: coberto de nobreza, solteiro, de bons costumes e rico.

O que achou de mim? Nunca me vi no espelho, porém, conta-se que, além de parda, eu herdei a harmonia das pretas-mina: pernas bem formadas e longas, olhos negros que falavam, nariz pequeno e lábios cheios, dentes impecavelmente brancos e iguais e cabelos num globo de anéis escuros. Tinha graça ao me mover e aparentava doçura. Minhas mãos e pés eram finos e pequeninos e disso eu sabia: homens brancos eram loucos por pés.

Mas não foi só boniteza. A verdade é que ninguém nunca me disse que mulher ficar em cima do homem foi a razão do dilúvio de Noé, que a mulher de quatro bestializava um ato sagrado, que eu não podia botar seu *necam* na boca e outras tantas coisas que, lá na escola de São Patrício, proibiram meu senhor-moço de fazer. Ele gostava de *hóhahio* e de “dormir à gatesca”, mas era também muito religioso.

Para fazer valer os tais votos de castidade e pagar os pecados que cometíamos juntos, ele confessava quatro vezes por ano: no Natal, quando passava dez dias em oração, em Pentecostes, na Páscoa e no dia da Santa Cruz. No confessionário, ele deixava no colo do padre a lembrança dos *noborodô* que nos ocupavam dia e noite. Resolvia a culpa mandando rezar missas e dúzias de rosários. Mas foi certamente esse espírito piedoso que o fez celebrar o primeiro Natal que passou no Tijuco com a minha alforria. Nisso, ele foi diferente dos outros senhores, que só alforriavam na hora de morrer para se salvar do Inferno. Ele o fez para me deixar viver. Afinal, eu o levava ao céu.

Nunca precisei fazer feitiços para ele me querer ou tratar bem. A forra Caetana Maria de Oliveira, por exemplo, controlava as infidelidades do marido com receita complicada: cortava a camisa em que caísse o sêmen, enfiava uma conta do rosário com um alfinete e a enterrava no chão onde ele costumava urinar. Ou raspava a unha dos dedos grandes das próprias mãos e pés, ajuntava esse cisco com água que lavava o sovaco e dava-lhe de beber; ou, ainda, passava um ovo entre as pernas e lhe dava de comer. Para o senhor-moço, meu sorriso e meu riso bastavam.

Alguns meses depois, meu senhor-moço me fez um filho. Meu Simão já tinha quase 3 anos quando nasceu Francisca de Paula. Durante a gestação misturei tradições vindas da terra de minha mãe com as dos brancos. Pendurei um saquinho com pedaços da pedra do altar da igreja ao pescoço. Não comi abacaxi para a criança não ter pele esburacada, tomei argila misturada com água para facilitar o parto, evitei sair à noite para que espíritos maus não entrassem no meu corpo, praticamos *noborodô* até o final para alimentar a criança, pois o esperma é fortificante, e dei à luz em silêncio para que bruxas não viessem buscar a pequenina.

Agachada, recebi a recém-nascida que precisava ser introduzida no mundo dos vivos. Por isso, rituais foram cumpridos à risca. Para ser restituída à terra, a placenta foi enfiada debaixo de um frondoso baru. Era para a menina reconhecer onde nasceu. Tomei banhos de assento com folhas que ajudaram a eliminar o sangue e, depois de bem massageado, meu ventre foi firmemente amarrado com panos. Fiz como as brancas das classes mais altas. Não amamentei para não estragar os bonitos peitos. Meu senhor-moço comprou a escrava Ana para isso. Ela acabara de dar à luz o seu pequeno Manuel. Não lembro qual das duas parteiras que oficiavam no Tijuco me ajudou. Se a forra Maria da Silva Tomé ou a forra Antônia de Souza. Ambas senhoras de saberes extraídos de raízes, folhas e ervas, tinham o poder de vida e morte nas mãos. Ambas eram expertas em decifrar profecias dos ventos ou ler o halo leitoso que a lua derramava. Ambas me deram receita para secar o leite: emplastros com suco de unha de vaca.

O nascimento foi uma festa. Amigas, escravas e parentes encheram a casa. No dia 7 de abril de

1755, enrolada em panos finos, Francisca de Paula, a primogênita do jovem contratador de diamantes, foi levada à pia batismal e registrada com o nome da mãe e do santo protetor da família do pai, são Francisco de Paula. Nesse dia, ostentei com orgulho meu novo nome: Francisca da Silva Oliveira. Nunca mais "Francisca, parda, escrava de...". Adivinhem quem escolhemos para padrinho! Meu senhor-velho, Manuel Pires Sardinha, que pertencia ao círculo de amigos da família do pai. O compadrio não estabelecia só laços espirituais como a obrigação de os padrinhos ensinarem "a doutrina cristã e os bons costumes". Era, sobretudo, um meio de se consolidar alianças sociais. João, herdeiro do senhor-moço, nasceu no ano seguinte. Teve como padrinhos amigos dos avós paternos.

Em 1757, nasceu Rita, seguida dois anos mais tarde por Joaquim. Antônio Caetano nasceu em 1761 e, na sequência, nasceram Ana, Helena e

Luísa. Em 1766, nasceu Maria, seguida de Quitéria Rita e de Mariana. Antônia e José Agostinho foram os últimos, nascidos respectivamente de 1768 a 1770. Todos os nossos filhos tinham nomes que os ligavam aos santos de devoção ou à família de meu senhor. Todos foram batizados na igreja de Santo Antônio, na rua Direita, tendo por padrinhos gente importante da cidade. Essa parentela espiritual garantia aos nossos filhos uma situação confortável na sociedade de Tijuco. Significava, também, que, desde que não nos casássemos, minha vida com meu senhor-moço era totalmente aceita por seus parentes, amigos e colaboradores.

Fizemos uma família e vivíamos como uma família. E uma família quer filhos. Muitos filhos, pois o risco de morte para os pequeninos era grande. Crescemos e multiplicamos, cumprindo à risca a lição da Bíblia. Repovoamos o mundo nos ermos das Minas Gerais. O contratador construiu para nós um sobrado na rua da Ópera. Ali cresceram nossas crianças e a casa era uma alegria com elas correndo, as escravas trabalhando e eu aguardando meu senhor-moço para agradá-lo em tudo o que quisesse, como faziam as boas esposas brancas. Ele me dizia: "Eu lhe tenho zelo." Que na língua de branco quer dizer afeto, querer bem e ter ciúmes. Eu respondia: "*Guigéroume*? Tu me queres?" Ele só abanava a cabeça, assentindo. E abaixava as ceroulas enquanto eu lhe arrancava a camisa de linho com babados. A "paz gostosa" marcava nossos dias e noites. Eu lhe fazia *cafuné* e lhe ensinei outras palavras na língua de minha mãe: *xodó*, que quer dizer namorado, amante, paixão. *Nozdo*, amor e desejo. *Kandongo* e *kandonga*, bem querer, benzinho. *Uhámihimelamhi*, vamos nos deitar. *Máhidéavõ,* vou despir-me. A alma dos afetos que compartilhávamos não estava nas palavras. E, sim, nos gestos.

Eu, Francisca da Silva Oliveira, era agora proprietária de uma "grossa casa" e vivia segundo "a lei da nobreza e com muita riqueza". Nela, eram recebidas tanto pessoas do governo como as "das justiças da terra". Por vizinhos, eu tinha um escrevente branco com oito escravos, Antônia Xavier, ex-escrava de meu senhor-velho, o carpinteiro Antônio Pinto Guimarães, o alfaiate crioulo Vicente Ferreira e a negra Ana Maria de Jesus. Poderíamos dizer que na minha rua morava gente misturada.

Meu sobrado era forte, amplo e arejado. Todo branco com janelas, balcões e marcos coloridos, sua porta principal se abria para um vestíbulo. Dali, uma escada levava ao segundo andar, onde se localizavam os aposentos principais. A ampla sala tinha quatro portas que se abriam para os balcões. Na extremidade, outra porta levava a uma varanda arejada e iluminada, protegida pela tradicional treliça que permitia ver sem ser visto. Os cômodos mais íntimos davam para outra varanda, na parte de trás, voltada para um pátio ajardinado com entrada independente. Jardim, horta e pomar eram obrigatórios. No primeiro, eu cultivava sempre-vivas, orquídeas, canelas-de-ema, cravos, botões-de-ouro. As flores enchiam os vasos dentro de casa e no oratório. No pomar se colhiam laranjas, bananas, pêssegos, jabuticabas, figos e marmelos, os últimos para fazer doces. Na horta cresciam couve, alface, chicória, batata e ervas medicinais. De vez em quando brotavam raridades: aspargos e alcachofras. Com as últimas, eu enfeitava os vasos. Acordávamos com o canto do corrupião na gaiola.

Meu senhor-moço quis fazer um oratório em casa. Só eu e mais a negra-mina Maria de Souza da Encarnação e Bernardo da Fonseca Lobo, que tinha recebido da Coroa o título de "descobridor de diamantes", tínhamos esse luxo. O nosso foi dedicado a santa Quitéria, devoção de meu senhor-moço. Santa venerada e milagrosa, sobre ela se contava que defendeu a virgindade até morrer. Por isso nossas filhas se chamavam Quitéria Rita, Ana Quitéria e Rita Quitéria. Todas as crianças aprenderam a ler, escrever e contar. Eu também e em pouco tempo aprendi a assinar meu nome com letra garranchada. Meu senhor-moço me deu de presente uma escrivaninha em laca para guardar papéis e livros. Também, aprendi a contar com os dedos e cuidava dos serviços da casa e daqueles que prestavam meus escravos.

Por pequeno ordenado tínhamos um mestre que não só alfabetizava os pequenos, mas também ensinava bons modos. Treinava sua linguagem. Polia seus gestos. Se fôssemos mandar os meninos estudar em Portugal, era obrigatório que conhecessem as regras de civilidade, como, por exemplo: não assoar o nariz na toalha da mesa, não espetar com a faca o naco de carne do prato do vizinho, não arrotar nem peidar na frente dos outros, retirar o espadim antes de cear.

Enquanto crescia a família, o Tijuco, que em tupi significa "água podre ou terra lamacenta", cresceu também. Tornava-se a maior cidade de Minas, atrás somente de Vila Rica e da próspera São João del-Rei. Os pequenos arraiais espalhados ao longo dos cursos d'água onde se acharam os primeiros diamantes se uniram ao antigo vilarejo numa rede de estradas e ruas, cheias de gente indo e vindo.

Na época em que, ainda menina, minha mãe chegou aqui, a Coroa instituiu o controle sobre os mineradores, pois eles tentavam roubar e contrabandear as pedras. O tamanho pequeno dos diamantes facilitava. Contou-me ela que ouro e pedras estavam depositados nas margens dos rios. A luz do sol refletia seu brilho e era só recolher. Isso, porém, até o Tijuco virar uma área demarcada de extração, onde tudo, até a entrada, era controlada pela Coroa. Ali, o maltrapilho de ontem poderia ser o potentado de amanhã. A receita era válida para mulheres também. Havia sempre muito trabalho e, por vezes, carpinteiros, ferreiros, tecelões, ourives, boticários, estalajadeiros, taberneiros, escravos, homens e mulheres recebiam boa remuneração e tinham oportunidade de subir na vida.

Com ou sem controle da Coroa o Tijuco progrediu. Ganhou um cenário urbano intenso e requintado. O som dos cascos das tropas de mulas nas pedras das ruas anunciava a chegada de produtos vindos do Rio de Janeiro ou da Bahia. Lojas de brancos e vendas de pretos e pardas pipocavam. Nas segundas, mandavam as forras e suas escravas. Elas negociavam fumo, farinha, milho, aguardente da terra, pólvora, chumbo e também pedras e ouro roubado. Suas prateleiras exibiam *henê*, panos da Costa, corais e búzios sagrados que atravessam o mar vindos da África. Mas também queijo e vinho vindos de Portugal. Elas tinham trazido o dom de ganhar dinheiro de nações de origem. Suas avós e mães foram as *ahissi* da Costa dos Escravos e as *banabana* da Senegâmbia, que mercadejavam em seus povoados ou nas grandes cidades dos reinos. As pretas e pardas exploravam suas escravas como prostitutas: essas eram as *josi*, "mulher da venda" em fala mina-jeje.

Nas vendas se reuniam escravos fugidos e quilombolas em busca de armas. Bailes, batuques e folguedos divertiam o povo simples. As autoridades rugiam. Temiam essas reuniões da gente preta. Baixavam leis. Era proibido circular à noite. As tabernas só podiam funcionar até as 20 horas. As vendas tinham que fechar após as Ave-Marias. Será? Nem sempre. Pois aí mesmo é que se multiplicaram as "vendas ocultas" ou "vendas volantes". Com discrição, portas se abriam, a gente entrava e a função, regada a cerveja de milho e cachaça, continuava em privado.

Quanto mais diamantes, mais ambição e mais roubalheira. Uma forma de fiscalizar os desfalques foi enviar contratadores com olhos de águia. Que tudo vigiassem! Os intendentes eram verdadeiros carrascos que acenavam com o famoso *Livro da Capa Verde*, cheio de ordens para controlar a mineração. A tensão era permanente com os tijucanos, que tentavam ludibriá-los e esvaziar seu poder. Para coibir muitos desvios, no Reino foi criada a Diretoria da Real Extração de Diamantes e a condição especial de contratador. Os contratos eram arrematados a cada quatro anos. Ao colocar a exploração nas mãos de particulares, a Coroa tinha seus rendimentos garantidos, sem a necessidade de prover a organização do trabalho efetivo nem o controle dos roubos e contrabandos, que passavam à responsabilidade do contratador. Para preencher o cargo, primeiro veio o senhor Felisberto Brandt – depois levado a ferro para Lisboa, sob acusação de corrupção. O segundo enviado para Minas foi meu senhor-moço. Graças à presença de ambos, o Tijuco virou cidade. Construíram-se mais igrejas e o comércio floresceu.

Mais produtos exigiam mais dinheiro e, portanto, mais garimpo. As técnicas para extrair diamantes mudaram, estragando os rios onde tanto lavei roupa. Os leitos foram revirados na apuração das pedras. Elas não davam mais na beira d'água, mas na lama profunda e nas águas cor de ardósia que borbulhavam aqui e ali em redemoinhos esverdeados. A canalização exigia conhecimentos complexos e eram os pretos-mina que os detinham. Eles eram donos de saberes sobre a extração de ouro que trouxeram de suas terras. Lá, antes de ser escravizados, eram artistas que fabricavam joias de ouro para seus reis, *sobas* moradores de palácios cujas paredes eram recobertas de esculturas em bronze e prata.

Todos sabíamos como se fazia a lavagem do cascalho. Dava pena. Os pretos se acocoravam, encurvados ou ajoelhados em canoas no meio do rio de águas frias, sob um céu que parecia feito de pedra azul. Os feitores sentados em cadeiras postas num plano mais alto, nas margens, vigiavam. As cadeiras, porém, não tinham encosto, para evitar o relaxamento da fiscalização. Para que não escondessem nas frestas do barco ou no corpo, alguma pedra que lhes daria a liberdade, a um sinal do feitor, os escravos mudavam de lugar dentro da canoa. Se nada fosse encontrado, o preto batia palmas e levantava as mãos espalmadas, indicando que pegaria mais um monte de cascalhos para lavagem. Mas se encontrasse alguma, batia palmas, espalmava uma mão e com a outra segurava a pedra entre o polegar e o indicador, ao que o feitor colocaria o diamante em uma bateia com água limpa. Ao final do dia, o resultado apurado era entregue ao administrador do serviço para posterior repasse à Intendência dos Diamantes.

Não havia controle só sobre os escravos – contou-me meu senhor-moço. Os feitores também eram vigiados. Os escolhidos como "cabeças" de lavagens tinham que ter reputação sem mancha. Precisavam ser jovens, hábeis, inteligentes e sobretudo não se comunicar com os pretos. Para evitar privilégios, os postos de lavagens, antes pré-estabelecidos, passaram a ser sorteados. Não só. Havia também rodízio, tanto de feitores quanto de negros que lavassem as canoas.

Aos olhos de meu senhor-moço nada escapava. Os administradores que deixassem os serviços sem razão imprescindível eram admoestados. A orientação é de que fizessem rondas contínuas entre feitores e escravos. De três em três meses, eram obrigados a enviar, em uma carta fechada, uma avaliação sobre o comportamento de cada feitor. Se estivessem negligenciando o trabalho, eram "expulsos" e considerados "de pouco préstimo". O mau feitor podia ser alvo de simples repreensão, prisão, expulsão de capitania ou ainda castigo maior. A preocupação era uma só: a conivência de feitores e escravos. Sim, pois a descoberta de uma pedra de valor faria a riqueza de ambos. Bastava um descanso além da conta, uma distração do vigia e a pedra era enfiada na boca, ocultada sob as unhas ou em feridas abertas. Um escravo suspeito de engolir diamantes era obrigado a engolir três pedras. Ficava preso num quarto, tomando purgantes até evacuá-las.

O que encontrasse pedra, porém, era cercado de festa, recebia presentes e dias de folga. Os que encontravam pedra grande ganhavam a liberdade – e qual a primeira coisa que faziam? Compravam um escravo para garimpar para eles. Difícil imaginar esse mundo sem escravidão. Que o dissesse o africano Alexandre Correia, que além de possuir uma lavra, tinha dez escravos. Manoel da Costa, também ex-escravo, explorava onze africanos trabalhando na mineração. Quitéria Alves da Fonseca tinha seis cativos que faiscavam ouro. Alforriá-los posteriormente foi prática entre forros enriquecidos na mineração.

Meu senhor-moço tinha a proteção dos seus santos e anjos para enriquecer. Dia desses, na grupiara de Lava-Pés, às margens do Jequitinhonha, num terreno de 50 metros quadrados, tirou 5 mil oitavas ou 87 mil *carats*. Os diamantes eram tantos que estrelavam por cima do esmeril. Grato a Deus Nosso Senhor, ele levantou as mãos aos céus e, de joelhos, exclamou: "Senhor, se tanta riqueza tem que ser a causa de minha perdição, fazei com que todos esses diamantes se convertam em carvão!" Mas eles se converteram numa baixela de ouro e prata e em bens que somaram 2 mil cruzados, importância extraordinária nos sertões daquele tempo.

Roubos, desvios e amizade entre feitores e escravos eram a maior preocupação de meu senhor-moço. Mas tinha pior: a aliança de senhores que alugavam escravos para garimpar, mas não queriam pagar taxas para a Coroa. Juntos, enganavam o contratador. De nada adiantava a vigilância. Os diamantes escorriam entre os dedos fechados. Meu senhor-moço aumentou o controle sobre os locais de extração, mas era impossível evitar a presença de estranhos ao serviço. Estranhos que se encarregavam de guardar e manter os diamantes roubados em segredo. A maior parte era de pequenos comerciantes e, sobretudo, minhas irmãs de cor, as pretas de tabuleiro que iam vender comida aos cativos e em troca de pagamento ou sexo desviavam o caminho das pedras. De seus tabuleiros emanava o cheiro bom do angu, de pastéis, de doces, leite, mel e pão, além de fumo e bebidas para aquecer das águas geladas dos rios. Como evitá-las?

E tinha mais a assustar meu senhor-moço: os cristãos novos vindos do Reino. Terríveis negociantes, eles dominavam as atividades mais variadas. Eram os "donos do comércio". Deslocavam-se de uma região a outra a cavalo, armados e acompanhados de escravos para se defender dos muitos assaltos e bandidos. Cruzavam penhascos, grotões e rios escuros empurrados por seus negócios. Compravam, vendiam, financiavam, emprestavam a juros, faziam hipotecas, negociavam alimentos, utensílios, escravos, gados, fazendas, sítios, ouro, diamantes, topázios e outras pedras preciosas, à vista ou a crédito. A maioria dos compradores de gemas trabalhava para judeus estabelecidos na Bahia e estes, por sua vez, representavam casas comerciais de diamantários estabelecidos em Londres, Lisboa e Amsterdã. Se o valor da venda fosse parcelado, os pagamentos tinham que ser feitos em ouro, moedas ou em lâminas finas muito usadas cá nas Minas. Eram eles também que traziam os artigos de luxo, vindos de todas as partes da Europa, com que meu senhor-moço me cobria da cabeça aos pés. Miudezas vinham nos baús dos mascates: fitas, meias, bijuterias. E todos batiam à minha porta.

Daí eu possuir guarda-roupas e baús cheios. Sempre gostei de roupas coloridas, sobretudo em tons de verde e azul, como aliás a gente de cor. Vestidos, anáguas para dar volume, capas, sapatos ornados com fivelas de prata ou pedras coloridas, vestes, saias de panos finos e pentes eu não dispensava. Tampouco dispensava as meias brancas que vinham de Lisboa. Blusas, as finas eram de chamalote, as simples, em algodão.

Entre meus acessórios preferidos estavam os chapéus de copa alta, brincos de pedras preciosas e brilhantes, colares e patuás para proteção, leques de plumas e capas, uma dourada e outra colorida, com a qual me cobria para sair de casa. Também na rua, usava vestidos de cauda que eu arrepanhava no braço, sapatinhos de bico fino com a ponta revirada e trazia um fino bastão que desaparecia nas minhas mãos cobertas de anéis. As joias de ouro e diamantes eu gostava de exibir nos cabelos, no colo ou na cintura. A contas e bolas de coral, no pescoço. Nunca empoei os cabelos com polvilho de trigo ou mandioca, ou os alisei com banha de porco. Usava meus cachos debaixo de uma coifa de seda branca presa com alfinetes de ouro. Em casa, por cima do espartilho de barbatanas eu usava um singelo macaquinho bordado.

Afinal, eu não só competia em elegância com as brancas, mas sobretudo com outras pretas e pardas forras. Aos domingos, quando chegávamos à igreja para assistir à missa e descíamos de nossas respectivas cadeirinhas, cada qual com um séquito de escravos impecavelmente vestidos à volta, os padres se horrorizavam. Diziam que trajávamos "roupas diabólicas" com a marca do pecado. As autoridades também, pois não admitiam que estivéssemos usando "vestidos ricos e pomposos alheios e impróprios à nossa condição". Míopes, eles só nos viam como escravas, quando já éramos senhoras. Nós, concubinas, fazíamos questão de sentar nas primeiras filas do templo e pouco nos importávamos com cara feia. Ao contrário. Sabíamos que, numa sociedade hierarquizada, os sinais de riqueza que exibíamos anunciavam a posição que cada uma de nós ocupava. E a nossa era de poder. Fazíamos questão de demonstrar que havíamos deixado a senzala longe!

Nossos escravos também impressionavam. Pretos com escravos pretos – como era possível? Ora, na terra de nossas mães como aqui, a escravidão dava a medida da classificação social. Sabia-se quem era ou quem não era cativo. Quem os tinha ou quem não os tinha. Se eram muitos ou poucos. Possuir escravos, aqui como lá, era ter pecúlio, bens, garantias. Meu senhor-moço me deu uma escravaria. Eu tinha os meus – quase seiscentos –, que eu alugava para a Real Extração, e minhas cativas, "vendendo de tabuleiro", lavando roupa ou lavrando ouro. Ninguém ficava parado.

Jacinta da Silva, de quem já falei, e que gostava de competir comigo, tinha apenas 62 cativos. O meu plantel era maior! Só para nossa filha Francisca de Paula demos 43. Rita Quitéria recebeu 35. Para o trabalho pesado, a maioria dos cativos era africana. Eu gostava de misturar minas, timbus, xambás, angolas, congos, sabarus, tapas e maquis. Ficava mais fácil de controlar desobediência e revolta. Também não favoreci os mulatos, cabras e crioulos. Tratava todos igualmente. Em senzalas grandes e antigas, existia uma "aristocracia" composta por famílias de gente ali nascida há duas ou mais gerações. Evitei qualquer tipo de tensão entre recém-chegados e os outros. Para mim, eram todos a mesma coisa: escravos.

Só combinamos, o senhor-moço e eu, que cuidaríamos para que todos tivessem acesso aos sacramentos. Isso foi coisa dele, muito piedoso que era. Nós gostávamos de vê-los casados e mandamos rezar muitas cerimônias na capela da fazenda ou no oratório de casa. Os recém-nascidos eram logo batizados. Até no hospital do Contrato, mandávamos levar meia galinha aos doentes ou extrema-unção aos moribundos. Eles fechavam os olhos confessados, comungados e ungidos. Se alguém preferisse a presença de um feiticeiro ou curandeiro, eu mandava também. Cada qual com direito aos seus deuses.

Só no ano de 1786, na igreja de Santo Antônio, mandamos enterrar com toda a dignidade 24 deles. Eu não queria fantasma de escravo morto a pedir missa. Sobretudo os que morriam afogados, garimpando. Também pagávamos o enterro dos indigentes. Ele, por piedade cristã. Eu, porque na terra de minha mãe ninguém deixava um corpo sem enterro.

Também os fazíamos participar das irmandades religiosas. Para os cargos ocupados obrigatoriamente por pretos, tanto fazia ser forro ou cativo. Os cargos honoríficos de reis e rainhas gozavam de imenso prestígio, além de lhes garantir lugar especial para suas sepulturas. As festas de Nossa Senhora do Rosário eles comemoravam no Domingo da Santíssima Trindade, na pequena igreja de seu nome, uma das mais antigas do Tijuco. O rei e a rainha da festa eram previamente escolhidos pela respectiva irmandade numa eleição disputadíssima. Essa honraria constituía a suprema aspiração dos pretos e pretas, apesar das grandes despesas que acarretavam: missa cantada, foguetes, vestimentas caras, pagamento da banda de música que acompanhava o reisado, banquete, bebidas e doces em profusão. Todos os gastos e dificuldades eram fartamente compensados pelo prazer e orgulho de saírem pelas ruas, com grande acompanhamento e banda de música – o rei, pomposamente vestido, de manto majestoso, tendo à cabeça uma coroa de metal; a rainha, regiamente trajada, em rico vestido de cauda sustentado por duas damas e diadema real à cabeça. Os eleitos para estas dignidades conseguiam fazer as despesas necessárias ajuntando aos próprios recursos, o produto de esmolas e subscrições.

Nos dias de festa, as ruas se animavam com interessantes danças de catopés, marujos ou caboclinhos. As procissões ganhavam bailados e tambores africanos, fazendo o zeloso bispo do

Rio de Janeiro espumar: "Alheios ao louvor de Deus e de sua Mãe Santíssima!" Em homenagem a São Benedito e Santa Ifigênia, sob bandeiras coloridas, santos pretos cobertos de douramentos eram carregados solenemente em andores decorados e ao compasso de zabumbas e ganzás. E todos os irmãos e irmãs se vestiam iguais aos brancos, com o mesmo luxo e qualidade. No Natal, juntavam-se aos pastoris, dançando e cantando o Jesus na lapinha:

Ó de casa, ó nobre gente!
Escutai e ouvireis,
Lá das bandas do Oriente,
São chegados os três Reis.

Mas, eu, redentora de escravos? Nunca. Em todos esses anos só alforriei na pia batismal Francisca, filha da escrava Catarina. Pois ela

Acima, visão panorâmica da atual cidade de Diamantina (MG) na segunda metade do século XIX. Na foto abaixo, o Palácio do Bispo, que servia como residência episcopal da região.

Diamantina, chamada de Arraial de Santo Antônio do Tijuco até 1831, foi o lugar onde Chica da Silva, nascida Francisca, viveu desde meados da década de 1730 até sua morte, no final dos anos 1700. Escravizada até 1753, quando tinha por volta de 20 anos de idade, ela foi alforriada por seu senhorio, o contratador de diamantes João Fernandes de Oliveira, meses após ser comprada.

Fotografias de Augusto Riedel, 1868. Acervo da Fundação Biblioteca Nacional.

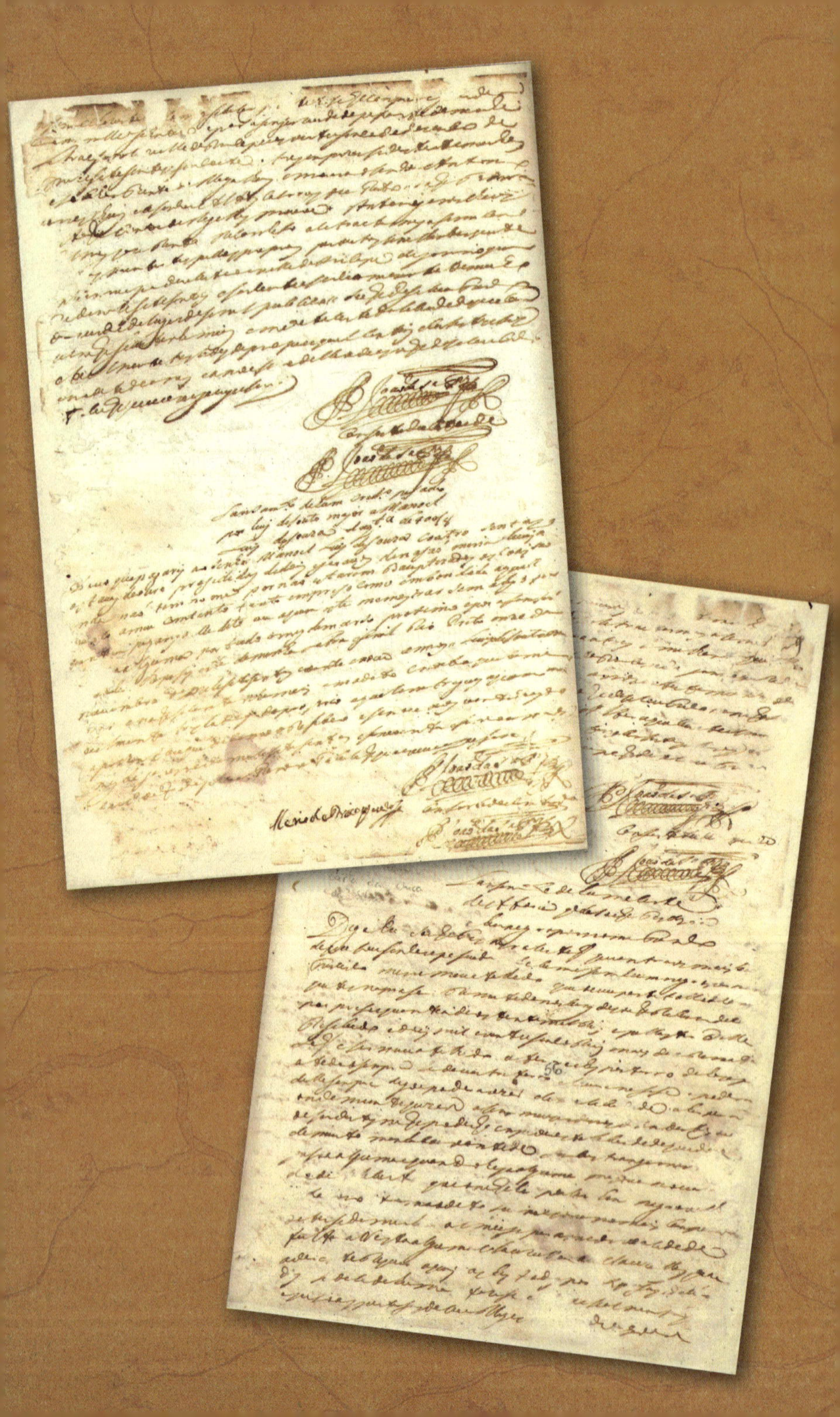

À ESQUERDA:

Páginas da carta de alforria de Chica da Silva, registrada em 25 de dezembro de 1753.

Chica da Silva foi vendida a João Fernandes de Oliveira no segundo semestre de 1753 e teve um destino incomum. Ao contrário de muitas das pessoas escravizadas, ela não precisou esperar que seu senhorio chegasse ao fim da vida para, num último gesto de caridade – visando salvar a própria alma –, lhe conceder a alforria. Poucos meses depois de ser comprada, Chica foi liberta por João Fernandes de Oliveira, e os dois passaram a viver como casal perante a sociedade, embora não tivesse havido o casamento formal, já que as barreiras racistas da época tornavam impossível oficializar essa união. Ao longo dos quinze anos que passaram juntos, tiveram treze filhos.

Fundo Tribunal de Justiça de Minas Gerais.

ACIMA:

Mapa da demarcação Diamantina até o rio Pardo. Confeccionado em nanquim, tinta colorida e aquarela, datado de 1784.

Imagem de autoria de Antonio Pinto de Miranda e José Pereira de Moraes Neves. Acervo do Arquivo Público do Distrito Federal.

À DIREITA, ACIMA:
Lavra de diamantes do senhor Felisberto d'Andrade Brandt, o primeiro contratador da Diretoria da Real Extração de Diamantes.

O cargo de contratador de diamantes foi criado pela Coroa portuguesa com o objetivo de colocar nas mãos de particulares a organização do trabalho e o combate aos desvios na exploração diamantina. João Fernandes de Oliveira foi o segundo contratador enviado à região do Tijuco.

Fotografia de Augusto Riedel, 1868. Acervo da Fundação Biblioteca Nacional.

ACIMA:
Sobrado construído por João Fernandes de Oliveira para viver com Chica da Silva, na rua da Ópera, em Diamantina. No casarão, onde também nasceram os filhos do casal, Chica viveu mesmo após a partida de seu companheiro para Portugal.

Exemplo da arquitetura colonial brasileira com influência moura, o prédio foi tombado pelo Iphan em 1950. Hoje, o local sedia a Casa Chica da Silva, um centro de história e memória aberto à visitação, que abriga mobiliário do século XVIII e peças de época.

Fotografias de Antonio Luiz Dias de Andrade (Janjão), 1974. Acervo do Centro de Memória Unicamp.

À DIREITA, ABAIXO:
Rua Direita de Diamantina, onde ficava a igreja de Santo Antônio, local de batismo dos filhos de Chica da Silva e João Fernandes de Oliveira.

Fotografia de Augusto Riedel, 1868. Acervo da Fundação Biblioteca Nacional.

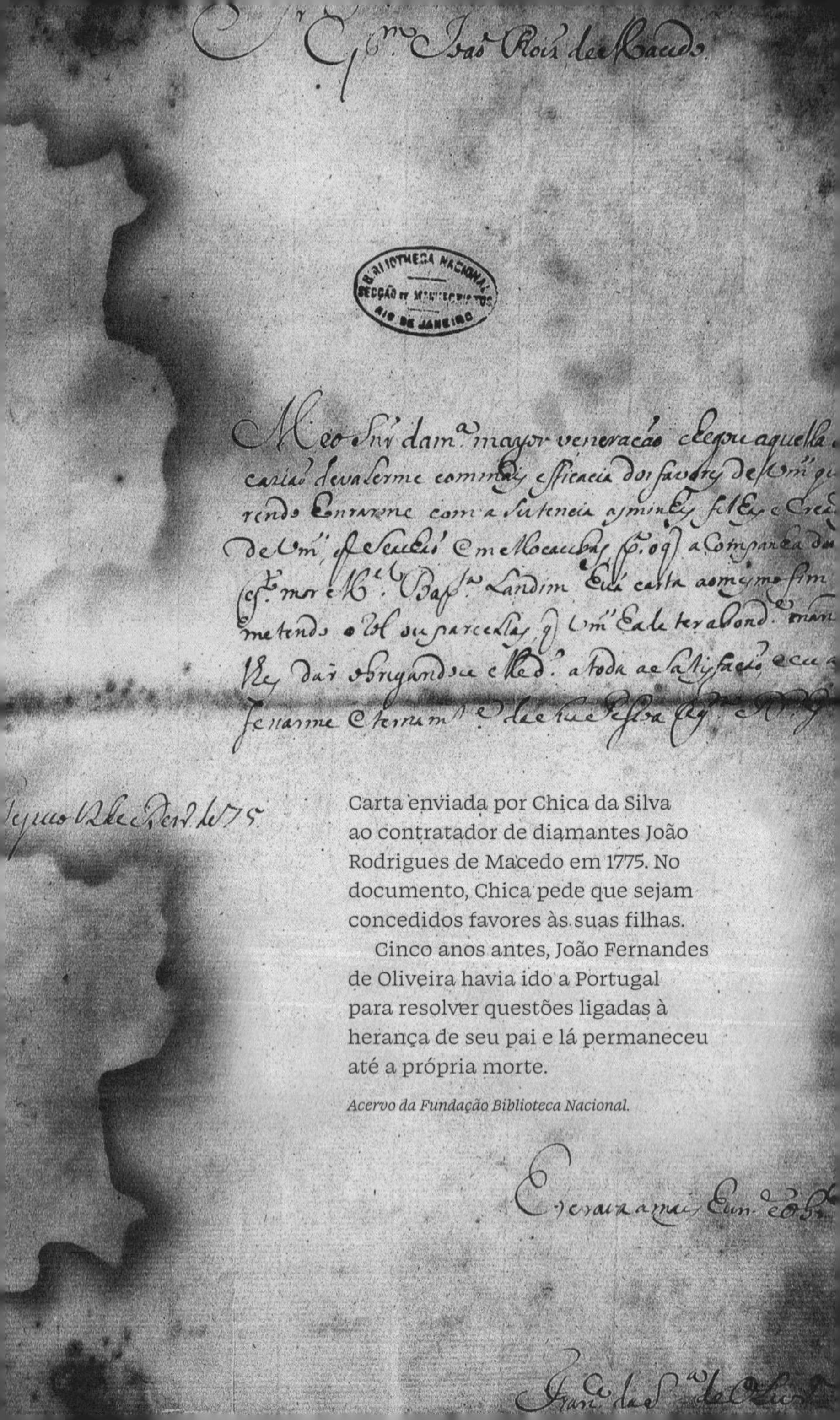

Carta enviada por Chica da Silva ao contratador de diamantes João Rodrigues de Macedo em 1775. No documento, Chica pede que sejam concedidos favores às suas filhas.

Cinco anos antes, João Fernandes de Oliveira havia ido a Portugal para resolver questões ligadas à herança de seu pai e lá permaneceu até a própria morte.

Acervo da Fundação Biblioteca Nacional.

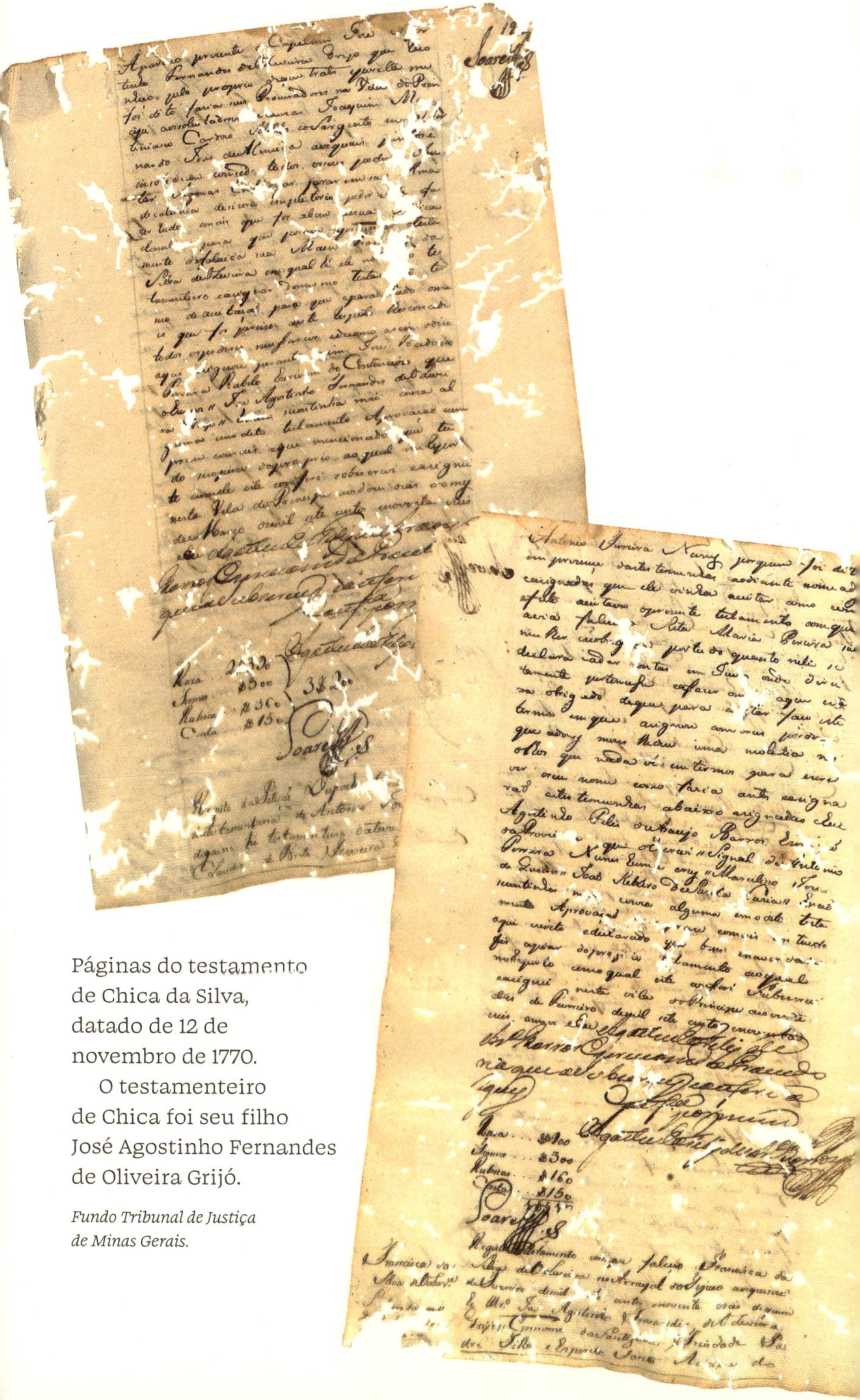

Páginas do testamento de Chica da Silva, datado de 12 de novembro de 1770.

O testamenteiro de Chica foi seu filho José Agostinho Fernandes de Oliveira Grijó.

Fundo Tribunal de Justiça de Minas Gerais.

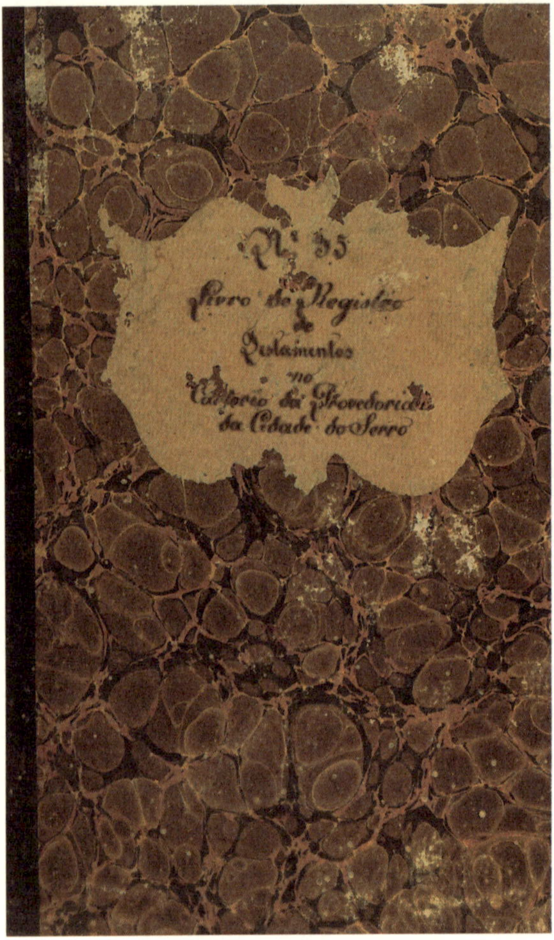

Livro de Registro de Testamentos nº 35 do Cartório da Provedoria da Cidade do Serro, onde o testamento de Chica da Silva foi registrado.

Fundo Tribunal de Justiça de Minas Gerais.

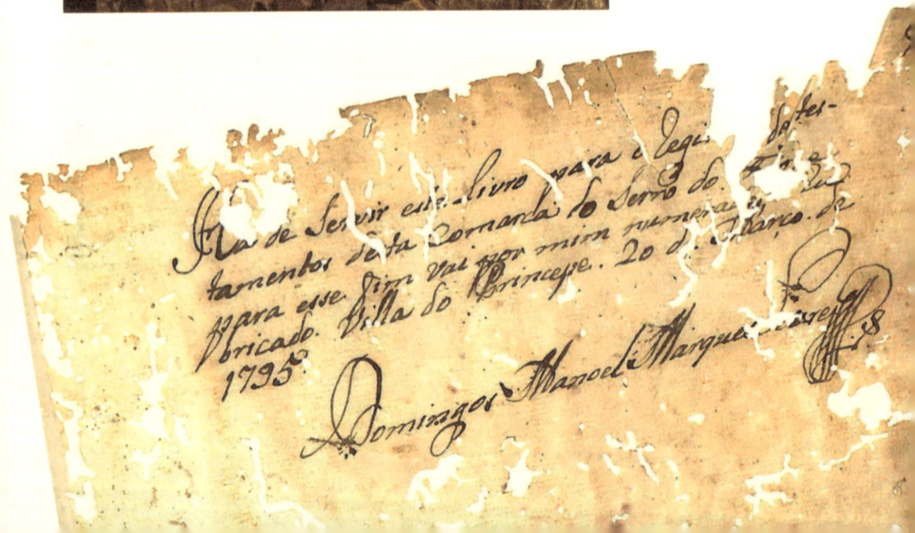
Ha de Servir este livro para o Regi[illegible] dos tes-
tamentos desta Comarca do Serro do [illegible]
para esse fim vai por mim numera[illegible]
bricado. Villa do Principe. 20 de Março de
1795
Domingos Manoel Marques [illegible]

amamentou meus filhos. Por outro lado, a liberdade de Catarina não dei, não. Ela que comprasse a sua, como tantas cativas. E ensinei às minhas filhas que fizessem o mesmo. Escravos eram bens de família e tinham que render. Além do mais, eu ouvia os padres dizerem que Deus não criou os homens iguais. Até no Céu existia uma hierarquia: santos, anjos, querubins e serafins. Havia os que mandavam e havia os que obedeciam. Mesmo a natureza impusera a dominação do forte sobre o fraco, do homem sobre os animais. Aliás, a primeira coisa que um escravo liberto fazia, se pudesse, não era comprar um escravo? Os padres estavam certos...

Aqui no Tijuco como em toda a capitania de Minas Gerais, a religião entranhava a vida cotidiana de livres e escravos, de gente de todas as cores. Existiam mais ou menos 29 dias santificados fixos, além de festas religiosas móveis, como a Ascensão ou o famoso *Corpus Christi*, que exigiam participação de todos. As festas duravam vários dias e os organizadores não regateavam despesas para valorizar santos e dar à gente a oportunidade de assistir a comédias, danças e cavalhadas com mascarados pelas ruas. Havia novena, missa cantada e dança na procissão. Graças a Deus, elas permitiam quebrar a monotonia. As arruaças na frente da igreja de Nossa Senhora do Rosário estavam certamente fora do programa.

A construção de igrejas, a devoção aos santos, a organização de cultos e ritos eram reponsabilidades das irmandades de leigos. De início, as irmandades religiosas de brancos eram mais numerosas, congregando a gente importante dos arraiais. Depois vieram as de pretos. Separação entre umas e outras? Não. A miscigenação da sociedade mineira garantia as brechas e passagens entre elas. No Tijuco, diferentemente do que houve no Rio de Janeiro, em Salvador, em Sabará, os forros e seus descendentes se filiavam às irmandades de brancos. Para as forras, esse era mais um símbolo de poder, sobretudo quando ocupavam cargos: irmãs da mesa, tesoureiras ou juízas. E não foram poucas. Lembro-me de Antônia de Oliveira Silva, que deixou esmolas para a celebração de duzentas missas por sua alma, da crioula Rita Paes Gouveia ou da negra Ana da Encarnação, muito ativas nas suas confrarias. Na irmandade do Rosário, atuei como juíza por duas vezes. E mostrávamos mais fé do que muito branco que dedilhava o terço, balbuciava orações silenciosas, mas tinha a alma vazia.

Eu e meus filhos participamos de muitas das irmandades, todas de brancos: a do Santíssimo, São Miguel e Almas, Nossa Senhora do Carmo do Tijuco e da Vila do Príncipe, São Francisco e Terra Santa. Nas festas, saíamos todos paramentados, exibindo nosso luxo para o povo. Não preciso dizer que as esmolas que distribuíamos eram generosas. Mas, em contrapartida, era preciso ter comportamento irreprochável, viver nos bons costumes e dar o exemplo. Sobre mim, diziam os padres que eu "assistia a todas as funções com devoção e com demonstrações de boa cristã". Sobre meus filhos, afirmavam que eles "apresentavam bom comportamento proveniente da boa educação que sua mãe lhes deu e tem dado com recato e singular doutrina".

De fato, passei a crer na cólera ou na misericórdia divina. Aprendia com meu senhor-moço que existia um sentido no Além, no sobrenatural, na vida espiritual. Que Deus se escondia no seio de Sua criação. Que o mundo inteiro podia se incendiar, mas que a misericórdia divina vigiava. Que somos apenas efêmera poeira entre as montanhas e as águas de Minas. Deus media tudo o que o homem podia suportar. Eu conhecia a *Novena de Santo Antônio* e sabia várias orações de cor, mas ainda tinha dificuldade de ler *Mestre da vida*, de frei João Franco.

No ano de 1758, à frente da irmandade do Carmo do Tijuco, meu senhor-moço resolveu construir uma igreja consagrada a São Francisco de Paula, de quem era devoto extremado. Para o local, foi escolhida a rua do Contrato, onde já havia uma pequena capela dedicada ao santo. Ficou lindamente ornamentada com douramentos e uma pintura no teto: o profeta Elias sendo arrebatado aos Céus numa carroça de fogo. Ele adquiriu várias imagens em Portugal, até mesmo um Senhor Morto, para encher os altares e só pediu em retribuição que, depois de sua morte, ali rezassem uma missa por sua alma todos os sábados. Meu senhor-moço queria subir aos Céus como o peregrino, certo de que Deus o aguardava. Meus filhos, seguindo os passos do pai, tiveram participação ativa na irmandade, e Antônio foi secretário da mesa por três vezes.

Meu senhor-moço era de uma bondade extraordinária não só comigo, mas com todos. Foi padrinho de filhos de gente branca, mas também de crianças abandonadas, de adultos e crianças forras, em sua maioria nascidas de concubinatos. Com esses gestos, fazia o bem, mas tornava os afilhados dependentes por gratidão. O padrinho era alguém próximo, mas também alguém a quem se devia reverência. Obediência. Apadrinhou também inúmeros casamentos de afilhados na ermida de sua chácara da Palha, nos arredores do Tijuco, onde depois oferecia a festa para os noivos.

Ao lado de brancos importantes, fui madrinha tanto de crianças pardas forras quanto de brancas. Meus filhos apadrinharam muitos cativos nascidos em nossa casa e meu senhor-moço gostava de ir com nossas Francisca de Paula ou Rita Quitéria batizar outros tantos. Ele dizia que assim seus filhos aprendiam a importância dos ritos católicos, a caridade para com os mais pobres e os escravos e – por que não? – protegiam os brancos da elite que tinham que se mostrar bons cristãos e súditos do Império. Juntos ou separados, estendíamos nossa influência por todo o Tijuco.

Pois quando meus filhos, já em Lisboa, buscavam alguma honraria, em depoimento, importantes figuras do arraial demonstravam sua fidelidade a nós, os pais. Com Simão, por exemplo, quando ele quis entrar para as ordens menores, não faltaram testemunhas no processo de admissão que confirmassem que ele era "filho legítimo, que a mãe era dona de opulenta casa e possuía enorme escravaria, vivendo com excelente reputação à luz da nobreza, com muita riqueza e fazendo figura, naquele continente, de primeiras pessoas". Apagavam, assim, o nome do pai, que poderia denunciar o relacionamento ilegítimo. Minha condição de ex-escrava desaparecia, assim como minha relação com o meu senhor-moço. O mesmo quando Simão recebeu a Ordem de Cristo, como disse, a mais importante comenda do Reino. Documentos originais? Apagados. O padre que teria conhecido ou batizado seus avós? Sumido.

Além da vida familiar e das atividades que envolviam as irmandades, meu senhor-moço adorava teatro. Onde? Num palco que montou na sua chácara da Palha. No caminho para Itambé, na confluência das águas do rio Grande com o Piruca, a chácara tinha capela e uma sala grande, em que se encenavam as chamadas óperas da época. Elas misturavam música, o tom jocoso dos libretos e a diversão graças à atuação dos atores, à riqueza dos figurinos e à harmonia de instrumentos e vozes. Ali aplaudimos

Porfiar amando, Xiquinha por amor de Deus, Os encantos de Medeia e *O anfitrião.* Muitas vezes, espetáculos com fogos e outros divertimentos encerravam as apresentações. Também gostávamos de música e tínhamos um conjunto de mulatos que tocava para nós modinhas e lundus apreciados na Corte portuguesa. Uma delas parecia ter sido feita para nós:

Meu branquinho feiticeiro
Doce ioiô meu irmão
Adoro teu cativeiro
Branquinho do coração
Pois tu chamas de irmãzinha
A tua pobre negrinha
Que estremece de prazer

Como Deus no Paraíso, meu senhor-moço criou um jardim das delícias. Na Palha, plantas exóticas, pessegueiros, pereiras, macieiras e ameixeiras transplantadas da Europa faziam sombra às fontes artificiais alimentadas por águas cristalinas, que por sua vez gorgolejavam em canais. Massas vegetais escondiam labirintos de folhagem. Meu senhor-moço não desejava apenas transplantar beleza para uma terra de penhas e rochas na qual só medravam cactos. Ele sabia que os médicos recomendavam passeios no jardim para combater a melancolia e estimular a saúde. E mais, como aprendeu com os jesuítas, ao oferecer flores e frutos, o jardim permitia dar Ação de Graças ao Criador. Talvez faltassem ali animais fantásticos e outras esculturas. Não as mitológicas de deuses nus, em poses provocantes. Mas as das estações ou das virtudes teologais e cardinais, as quatro partes do mundo ou os famosos azulejos portugueses. Em Portugal, onde meu senhor-moço estudou, jardins convidavam quem percorresse seus canteiros a pensar no caminho da cruz que fez Nosso Senhor Jesus Cristo.

Fui educada por meu senhor-moço. Mas nossos filhos foram ainda mais bem educados. Simão, por exemplo, depois de se dedicar a estudos de língua latina, graduou-se em artes, tornando-se naturalista sábio e ilustrado. Cinco de nossas filhas foram internadas no Recolhimento de Nossa Senhora da Conceição de Monte Alegre de Macaúbas, a meio caminho entre o Tijuco e Vila Rica. Esse nome comprido definia o severo educandário no qual ingressavam as filhas da elite mineira, destinadas a ter vida virtuosa e um mínimo de educação formal. O convento reproduzia os valores que o pai das meninas estimava: ruptura com o mundo exterior e princípios cristãos. Os dotes das meninas, obrigatórios, aliás, foram todos pagos em ouro.

Apesar do prestígio, a situação financeira do Recolhimento nunca foi boa. Ermitões percorriam vilarejos em busca de esmolas para sua manutenção. E o trabalho de costura, doces ou flores em encomendas de fora, chamado de "ocupações próprias do sexo", servia para cobrir os gastos da comunidade. Mas que ninguém se enganasse. Havia ali internas que se recusavam a fazer qualquer esforço e levavam seus escravos para trabalhar por elas.

Cercado de palmeiras e macaúbas, o prédio massivo e austero se erguia num vale coberto por matas. O pouco sol que batia no inverno o tornava muito frio. No meio do andar térreo, erguia-se a capela em que as moças se reuniam para rezar, cantar, confessar e refletir sobre textos sagrados. A fachada, apesar das janelas de vidro, material raro e difícil de transportar, dava a impressão de um pombal. Era voltado para um pátio ajardinado, e galerias abrigavam as celas das recolhidas. Celas, aliás, apertadas e insalubres que até bem pouco tempo não tinham camas suficientes. Três educandas dormiam juntas. Meu senhor-moço mandou construir uma ala nova para que as cinco meninas tivessem maior comodidade, além de um mirante fechado por treliças no qual elas pudessem ter uma vista do vale. Num puxado do grande edifício, ergueu, também, uma capela para Nossa Senhora das Dores, a Mãe Dolorosa, a Mãe das Sete Dores, para lembrar às recolhidas que não se iludissem: a vida era feita de perdas e de sofrimento. O altar-mor em tons de azul-celeste e as colunas enfeitadas com flores primaveris convidavam, porém, a esquecer as dores e a rezar com alegria.

Quem fosse interna em Macaúbas tinha duas opções: tornar-se freira ou ter um casamento honrado, ocupando um lugar na elite colonial. O lema para as mulheres era: "casada ou freira, nunca solteira". Nessa nova vida, minhas filhas abandonaram nome, roupas e hábitos antigos. Vestiram o hábito de Nossa Senhora da Conceição, branco e azul, passaram a falar baixo e a se mover com serenidade e modéstia. Abandonaram seus nomes e assumiram o nome São José, o mesmo da avó e santo protetor dos lares cristãos. Submetidas aos exercícios espirituais e convidadas a abandonar os bens terrenos, as recolhidas viviam sob as ordens de se empregar com "o maior fervor a amar a Deus, que é o fim porque deixaram o mundo". Viver em santidade e virtude eram as metas principais. Eu queria que Francisca de Paula, com 12 anos, Rita Quitéria, com 10, Ana Quitéria, com 5, professassem os votos quando chegada a hora e tomassem o véu. Antônia, não lembro mais. Helena também entrou com 5 anos, idade em que, por costume, se internavam as meninas. Elas levaram para a clausura três escravas pardas e mais um casal que as ficou servindo, fora do edifício. Mais tarde, internei também uma enjeitada que nós criamos como filha, Luciana Perpétua do Amor de Jesus.

Na fonte da vida espiritual, porém, borbulhavam pecados. E quem ia buscar Deus poderia acabar encontrando o Diabo. Muitas recolhidas eram esposas que ali se encontravam castigadas por mau comportamento ou por trair seus maridos. O silêncio obrigatório não calava “controvérsias e questões”, ou seja, discussões e briguinhas entre as internas. O bispo do Rio de Janeiro, encarregado de supervisionar o estabelecimento, se queixava de “escândalos” que ocorriam nas celas estreitas, com catre único, que a madre superiora não supervisionava à noite. Não faltaram denúncias sobre o padre confessor que requisitava as meninas para “tocamentos torpes”, “abraços e biquinhos, peitos para acariciar e ligas para guardar de lembrança, chamando as recolhidas para encontros furtivos em seu quarto”! Ele queria que as meninas praticassem nele a “manitrupação” até o “desmanche”. Palavras obscenas também eram murmuradas. Tal comportamento configurava "crime de solicitação" e era severamente punido pela Inquisição. Dentro de Macaúbas, as "solicitadas" eram meninas. Já fora do Recolhimento, as mulheres pardas eram de longe as mais instadas a pecar com padres.

A confusão que reinava no claustro me permitia entrar e sair de Macaúbas quando quisesse. Os maus ares do vale atacavam a saúde das meninas. Elas ficavam doentes? E lá estava eu com caldos de galinha. Dor de garganta? Tanajuras torradas. Prisão de ventre? Chá de capim. Magrinhas? Levava-lhes doces e alimentação reforçada. Para acompanhar seu desenvolvimento, o pai mandou edificar uma pequena casa e lá passamos de setembro a outubro de 1770. O resultado? Quatro de nossas filhas internas abandonaram o convento. Só Antônia quis continuar, levando consigo sua escrava Edvirges. Luísa, Maria e Rita Quitéria foram para lá mais tarde, quando meu senhor-moço nos deixou.

Sim, porque ele nos deixou. Fizemos treze filhos em quinze anos de vida comum. Muito tempo foi dedicado à sua criação, educação e inserção social. Inspirado no que aprendeu com os jesuítas, meu senhor-moço nos deu uma vida exemplar. Aquela que os casados brancos deveriam ter diante da Igreja, como sugeria o *Mestre da virtude*, do bom João de Castro. Eu não fui tão casta, porém, honesta e fiel. Uníamos nossos "ânimos e disposições", como recomendava o sábio religioso. Mas, sobretudo, procriamos, como mandava a Santa Madre Igreja.

Sei que ele me amou com paixão, apetites e desejos imoderados e por isso pagou tantos pecados com esmolas e construindo igrejas. Por outro lado, nossa união, embora não sacramentada, tinha muito da comunhão de afeição, de vida e carne perante Deus, como recomendava o *Mestre da virtude*. Ligados a Deus, teríamos o coração cheio de amor – recomendava o livro.

Longe estavam as noites de *noborodô*, mas eu era sua carne e ele, minha carne. Ele era meu espelho e eu era seu reflexo. Ele, meu criador, eu, sua criatura.

Enquanto isso, seu pai, em Lisboa, renovava o sexto contrato de diamantes. O velho contratador escapou do terremoto que varreu a cidade em 1755, e os lucros que meu senhor-moço lhe dava o permitiram circular na Corte e construir um palacete na rua de Buenos Aires, no Alto da Lapa, com vista magnífica sobre o Tejo. O que levou meu senhor-moço embora? Foram as negociações relativas à renovação do contrato diamantino, mas sobretudo os desentendimentos com seu pai, nascidos dos saques que o velho fazia nos cofres para sustentar o padrão de vida na capital do Reino.

Pelas ruas murmurava-se. Dizia-se que meu senhor-moço comprava diamantes roubados por escravos, que teria surrupiado uma pedra enorme extraída ilegalmente, que estava enganando o rei. Enquanto isso, crescia o contrabando e as autoridades estavam de orelhas em pé. Corria que, na serra de Santo Antônio do Itucambiruçu, perto de Minas Novas, gemas tinham sido descobertas. Já existiam até lavras estabelecidas, revelando os desvios das riquezas da serra. Tudo culpa da negligência de meu senhor-moço, que não perseguia com bastante severidade quilombolas, moradores e garimpeiros.

Vejo de outra forma. Por trás das murmurações havia a luta pelas indicações para os contratos de exploração das pedras e, mais grave, os diamantes começavam a faltar. A honestidade de meu senhor-moço nunca foi questionada nem pelo governador, nem pelas autoridades no Rio de Janeiro ou pelo ministro do rei, em Lisboa. A história o provaria. Por ter sido obrigado a deixar o Tijuco e a Coroa ficar sem pessoa de sua confiança, o marquês de Pombal, pouco tempo depois, criou o monopólio de extração de diamantes. Meu senhor-moço foi o último contratador. Soube que, posteriormente, recebeu uma carta do vice-rei do Brasil, o marquês do Lavradio, confortando-o das maledicências: "Não me admirou o rumor que houve nesta capitania, de que a estas chegaram também, sobre calúnias e imposturas com que quiseram denegrir as disposições de um vassalo que só se emprega com fidelidade, honra e desinteresse."

Não foram calúnias que o tiraram de nós. Outro fato decidiu sua partida. Em outubro de 1770, a frota que chegou ao Rio de Janeiro trouxe a notícia da morte do velho sargento-mor em Lisboa. Conta-se que teve ao seu lado os freis carmelitas descalços do convento dos Remédios, rezando por sua alma. Antes de fechar os olhos, a futura viúva não perdeu tempo e, por ter lhe emprestado dinheiro no início do casamento, alterou o testamento, que fez o moribundo assinar com letra trêmula. Queria os seus bens de volta.

Estávamos em Macaúbas em visita às nossas filhas quando a carta com tal notícia chegou. Meu senhor-moço resolveu retornar o quanto antes ao Reino. Afinal, todos os esforços que fez para enriquecer o pai, fez para se enriquecer também. Como eram sócios, ele via o risco de perder o que lhe cabia na herança. Organizou os negócios em casa para poder viajar, e me pergunto se nessa hora ele sabia que jamais voltaria.

Ele me deixou no Tijuco, com José Agostinho, ainda em cueiros, nos meus braços. Passou por Vila Rica, onde, na presença de um tabelião, registrou seu testamento. Deixou seus bens distribuídos entre os nossos treze filhos, e o sargento-mor Manuel Landim como tutor dos menores. Foi mais um gesto amoroso de meu senhor-moço para proteger nossa família, nossa situação. Só casados tinham essa preocupação. Solteiras com prole ilegítima não passavam por isso. Senhoras de suas casas e patrimônio, geriam bens e filhos como bem lhes aprouvesse. Mas eu continuaria a ter proteção para salvar o que fosse das crianças, ajudando-as a se formar.

Meu senhor-moço partiu como chegou: um meteoro. Passei a dormir só na cama de jacarandá com dossel. Pode-se deixar alguém ou ser deixada. Resta que a vida continua, apesar das rupturas. A vida segue, mesmo com momentos que revelam nossas fraquezas e desejos, nossas dúvidas ou escolhas. E nessa corrida para frente, o destino nos revela o que somos de verdade. E sem o contratador, eu era apenas Dona Francisca, a concubina parda.

O que conto agora me foi contado. Não estava lá para ver, mas soube que, ao chegar em Lisboa, meu senhor-moço, que levou seis criados de sua confiança e alguns escravos de cá, instalou-se na casa da Lapa. Por sentir nossa falta ou do Brasil, mandou azulejar a escada principal com cenas brasileiras de índios, palmeiras e plantas. Imediatamente entrou com um pedido ao rei D. José: que não autorizasse nenhuma demanda judicial em torno da herança do pai, do qual era o único e legítimo herdeiro. Referia-se aí à pendência com sua madrasta.

Meu senhor-moço podia não ser amado por seus escravos, nem por seus feitores, nem por seus administradores. Em contrapartida, era muito respeitado. Por isso contava com o apoio do poderoso secretário de Estado do Reino, Sebastião José de Carvalho e Melo. Ele não hesitou em lhe dar ganho de causa e, apesar dos testemunhos de que seu pai estava consciente quando mudou o testamento, o marquês de Pombal cravou: ele teria sido apenas estimulado pela ganância da esposa, que passou os últimos anos na Corte, dissipando os bens de família com gastos excessivos. Segundo seu veredito, a viúva teria direito apenas a um dote. Em resposta, ela vomitou maldades: a amizade que Pombal nutria por meu senhor-moço resultava apenas de sua opulência. Que ele teria trocado favores com o ministro e sua esposa, a marquesa de Pombal, e outros poderosos da Corte. Que ele era corrupto.

A viúva não desistia. Mulheres podem ser muito resistentes e sobretudo insistentes, quando se trata de bens e riqueza. Ela fugiu com todas as joias inventariadas, brincos e adereços de mil e tantos cruzados, prata, ouro e tapeçarias e se refugiou na casa de um neto. Meses depois, abriu contra meu senhor-moço um novo processo, o que o reteve mais ainda em Lisboa. Irado, ele descobriu seu esconderijo e conseguiu, graças aos préstimos de Pombal, trancafiá-la num convento.

Arrancada do leito, acompanhada apenas de uma escrava, a mulher foi entregue à madre superiora e recolhida à clausura do convento dos Poderes, regido por clarissas. Durante três anos, seu enteado não pagou um tostão de mesada ou sustento, alegando que não o fazia por maldade, mas por entender que a madrasta fugira com o cofre no qual estavam guardados as joias e o dinheiro da família. Que durante o casamento com seu pai ela desviara grandes somas para seus familiares e que, portanto, devia ser mantida por eles. A viúva, porém, nunca desistiu de lutar, e durante dezoito anos tentou processar tanto o enteado quanto seus descendentes. Sem sucesso. Faleceu de apoplexia, em 1788.

Meu senhor-moço foi ficando velho e doente. Sabia que não voltaria ao Brasil. Resolveu, então, dar um destino à riqueza por tantos anos acumulada. Queria evitar o pior: o empobrecimento da família por conta de sucessivas partilhas. Mais. Queria imortalizar o nome Fernandes de Oliveira nos sucessores varões e tentar apagar a origem desonrosa de nossos filhos. Só poderia fazê-lo pela instituição de um morgado. O morgado criava um vínculo entre seus bens, que não poderiam nunca ser divididos ou alienados. Com sua morte, nosso filho mais velho herdaria imediatamente. A família, o sangue, o sentimento e o orgulho do nome ancestral, tudo isso contava para ele.

Meu senhor agora velho sempre foi brilhante. Sabendo que tinha muitas terras e bens no Brasil em litígio com a madrasta, assim que chegou a Portugal começou a adquirir outros imóveis. Sua primeira aquisição foi a quinta do Grijó, sequestrada aos monges agostinianos pelo Estado. A propriedade, localizada em Vila Nova de Gaia, distrito do Porto, ao norte do Reino, abrigava um convento e uma igreja, construídos na segunda metade do século XVI. Ele pagou 36 contos de reis e a escolheu como sede do "morgado do Grijó", título que, doravante, seria adotado por nosso filho mais velho, legitimado com as bênçãos de D. José I: João Fernandes de Oliveira Grijó, e na sequência, seus descendentes. Além do Grijó, meu senhor agora velho comprou a quinta da Portela, no caminho de Sacavém, e adquiriu a quinta da Enxara, com sete casas anexas, em Leiria. Adquiriu um quarteirão de casas na rua Augusta, endereço nobre na Baixa, em Lisboa, entre outros. Aos demais filhos destinou um terço de todos os seus rendimentos para dividirem entre si enquanto fossem vivos. Exceção feita a José Agostinho, a quem destinou uma renda anual de 400 réis para servir como pároco na capela do mosteiro de Grijó. Nunca esqueceu dos desvalidos e destinou um centésimo da renda do morgado para algum preso, a redenção de cativos ou o dote de casamento de uma donzela. Sua fortuna era calculada em 2 milhões de cruzados. Era, à época, o homem mais rico de Portugal.

Eu bem ouvi o grito agourento do acauã, no dia em que recebi a notícia de sua morte. Vi rolos de nuvens escuras como fumo descerem das montanhas. Chorei. Mandei rezar missas e novenas para que sua alma se acercasse ao destino. À noite ouvi trovões e entendi que ele estava chegando aos Céus. Terá partido com um sorriso beato nos lábios. E no dia seguinte, os pássaros estavam lá a cantar nas árvores, e Deus, desde o fim dos tempos, provia-lhes de alimento. A vida seguia. Doravante, seria preciso aceitar. Admitir que eu teria que continuar a lutar, ficar em pé, lamber as feridas e cuidar de todos.

Os meninos, João, Joaquim e Antônio Caetano, com exceção de José Agostinho, tinham ido com o pai para Lisboa. Eu fiquei responsável pelo futuro das meninas. Se a trajetória de meu senhor-moço ou velho foi luminosa, a de nossos filhos teve sombras. Toda a riqueza que herdaram – "casas nobres" em Vila Rica, Pitangui e Rio de Janeiro, fazendas de gado e chácaras, sítios com teares, fábricas de cardar, engenhos para extrair óleo de mamona e plantações – e o nome de família – não foram suficientes. A minha condição de ex-escrava pesou em suas vidas. Depois da morte do pai, alguma coisa desmoronou. A cor da pele ficou mais escura.

João, que recebeu dois terços de toda a fortuna que o pai reuniu no morgado do Grijó, antes da idade cravada na cláusula do morgadio, ou seja, 30 anos, se casou com uma moça grávida, filha de lavradores. A promessa ao pai era de "buscar casamento melhor". João não achou e teve que suplicar à rainha, D. Maria I, permissão para "remir com o casamento a honra e a reputação que lhe fez perder". Queixou-se ele à soberana que não era fácil "achar entre a nobreza quem lhe desse uma filha e o chamasse de genro". Apesar da riqueza, era mulato como a mãe. Casado, teve dois filhos. O mais velho assumiu o morgado do Grijó e o menor seguiu a carreira do avô. Formou-se em Leis e assumiu o posto de juiz de segunda instância em Lisboa.

Nosso segundo filho, Joaquim José, estabeleceu-se em Minas, onde recebeu a patente de coronel de cavalaria. Passou a viver em Vila Rica.

Antônio Caetano foi o mais ativo e nisso lembrava o pai. Depois de sua morte, estabeleceu-se em Portugal como homem de negócios e, na ausência do irmão, administrava o morgado do Grijó. Em 1781, voltou ao Tijuco, onde recebeu a patente de alferes, de sargento-mor e finalmente de capitão de milícias de Minas Gerais. As milícias abrigavam centenas de oficiais pardos e mulatos. Ocupou vários cargos dirigentes nas confrarias do Tijuco, especialmente na irmandade de Nossa Senhora do Carmo, cuja igreja foi construída por seu pai. E também, vários cargos na administração local. Sempre lutou para receber o que lhe cabia da herança do pai e do avô.

José Agostinho desistiu de ser padre e, depois da morte do pai, voltou ao Tijuco, onde recebeu a patente de capitão de milícias. Em 1795, filiou-se à Irmandade de Nossa Senhora das Mercês do Tijuco, que reunia pardos, e foi nomeado escrivão da ouvidoria da Vila do Príncipe. Quando solicitou que o cargo se tornasse vitalício, ouviu das autoridades "que não tinha ascendentes de maior influência no Brasil". Um golpe. Esse meu filho morreu tão subitamente, que nem tempo teve para receber os últimos sacramentos.

Simão teve a trajetória mais aventurosa e bem-sucedida. Não era filho de sangue de meu senhor, mas foi criado como tal. Ele também começou na carreira eclesiástica, que abandonou, porém sempre foi estudioso. Ainda no Tijuco, aprendeu letras e latim e quando seguiu para Lisboa graduou-se em artes. Lá, recebeu cargos honoríficos e honras: tornou-se sargento-mor das ordenanças de Minas Gerais, comprou um hábito de Cristo e aproximou-se do futuro governador de Minas, Luís da Cunha Meneses. Voltou com ele para o Brasil e, na condição de um "dos mais hábeis naturalistas e mineralógicos que presentemente havia na capitânia", fez o primeiro achado arqueológico: um colossal esqueleto de 56 palmos de comprimento e 46 de altura, que Simão deduziu tratar-se de um gigante.

Estabelecido no Rio de Janeiro, passou a frequentar a Sociedade Literária, que reunia ilustrados inconformados com a situação da Colônia e, dizem, envolveu-se na Inconfidência Mineira. Sabe-se que foi procurado por Tiradentes para traduzir a *Compilação Constitutiva das Colônias Inglesas*, a quem protegeu, alertando-o sobre a prisão iminente. Interpelado em Lisboa, para onde voltou, enquanto os inconfidentes eram julgados na capital, alegou que achara Tiradentes louco: "por isso lhe dera ouvidos, mas não atenção". Safou-se.

Simão passeava com desenvoltura entre os grandes do Reino, comunicava-se com os "principais" e, vestido da lei da nobreza, tinha amizade com o príncipe D. João. Aos 50 anos, tesoureiro da Bula da Santa Cruzada e com mais outro posto nas milícias, o de tenente-coronel da cavalaria, manobrava para conseguir cargos administrativos para os meios-irmãos no Brasil.

Minhas filhas tiveram todas as condições para fazer vida de sinhá-dona branca. Tinham dinheiro e educação. Mas herdaram também um sentimento de independência que viam em mim e em outras pardas com quem conviviam no Tijuco. Francisca de Paula se casou tarde. Ela tomou o hábito de freira e passou muitos anos em Macaúbas. Aos 41 anos, na capela de nossa casa, uniu-se ao português José Pereira da Silva e Souza e não tiveram filhos. Ela levou um dote razoável. Além de uma casa no Tijuco, parte da fazenda Buriti, onde criava animais, cultivava cana, mandioca, milho e feijão. Fechou os olhos em 1839, e deixou dinheiro para que se fizesse um rico frontal de ouro dedicado ao Santíssimo Sacramento, no altar-mor da matriz de São Gonçalo do Sacramento do Rio Preto.

Rita Quitéria casou-se com o alferes português de Braga Bento Dias Chaves, com quem viveu em concubinato por muito tempo. Tiveram quatro filhos, mas só Frutuosa, nascida depois do matrimônio, sobreviveu. Ela vivia em harmonia com outros filhos naturais do marido, tanto que um deles foi trabalhar para seu irmão João Fernandes, como administrador dos negócios do morgado do Grijó, no Brasil. Eles tinham uma casa na rua do Bonfim e um fecundo comércio de fazenda seca no arraial do Tijuco. As tropas de bestas traziam do Rio de Janeiro os produtos que revendiam. Ela herdou parte da fazenda do Pé do Morro. Ali, 35 escravos, entre os quais uma cabeleireira, tocavam um engenho de moer cana e diversos paióis que abrigavam milho e feijão, inúmeras cabeças de cavalos, mulas, ovelhas e novilhos pastavam, mas foi sobretudo no negócio de tecelagem que o casal se destacou. A fazenda produzia e beneficiava algodão graças a dois teares de tecer fustão e ganga, um tear de tecer paletós, uma fábrica de cardar e fiar algodão e três rodas de fiar. Sem dúvida, essa filha puxou as características jeje-nagô da avó. Foi duas vezes "dona": porque casada e porque dona de seu comércio de algodão. Morreu moça essa menina: em 1808.

Ana Quitéria teve existência discreta. Casou-se com João Barbosa, cunhado da irmã Mariana, e não tiveram filhos. Criaram, porém, uma das filhas naturais do cunhado Bento. Ela faleceu na fazenda do Pé do Morro, em 1846, deixando cem missas pagas em intenção de sua alma e cinquenta para as dos pais. Helena, coitada, ao deixar Macaúbas, já veio com moléstia grave e não resistiu. Luísa casou-se com Manuel Ferreira Pinto, que lhe deu vida muito má. Tinham duas casas das quais uma lhes servia de residência e não tiveram filhos. Não lembro a data em que fechou os olhos, mas sei que o viúvo enriqueceu pelo "fruto de seu trabalho" como disse, ou seja, do trabalho dela. No inventário, porém, apareceram as joias que tinham pertencido a Luísa. Maria nunca se casou, mas viveu concubinada com o tenente Agostinho José. Durante a longa relação, tiveram uma filha, criada pela tia Ana Quitéria, e aos 40 anos Maria morreu de um segundo parto. Mariana casou-se com o alferes José Barbosa da Fonseca, natural do Porto. O primogênito do casal morreu pequenino de "malino", nome popular para doença fulminante. Tiveram mais três filhos e, viúva, ela voltou para Macaúbas.

Quitéria Rita amancebou-se com o padre Rolim, um dos membros da Inconfidência Mineira e filho de um velho amigo de seu pai. Tiveram cinco filhos. Depois do julgamento, ele foi condenado e preso num convento em Lisboa, só tendo retornado ao Brasil em 1808. A relação, porém, já tinha acabado. Ela enfiou-se nas Macaúbas, levando duas filhas junto.

As irmãs se reuniram no velho mosteiro onde cresceram, pois lá encontraram Antônia, que professou votos em 1806. O convento lhes traria o ambiente de segurança e afeto que tiveram quando seu pai estava presente em nossa casa na rua da Ópera. O mirante de treliças encomendado por ele lhes permitia divagar sobre a vida que não viviam mais. Ver passar os bandos livres de pintassilgos. A pequena casa em que ficávamos quando íamos visitá-las trazia as lembranças do tempo e do carinho com que eram então cuidadas. Estavam juntas, porém não sei se unidas. Estavam, sim, ligadas pela solidão de Macaúbas. Solidões infinitas, variadas, silenciosas, discretas, quase apagadas. Isoladas ou excluídas, essas pardas outrora ricas estariam, contudo, mais seguras no convento do que no Tijuco.

Ao longo do tempo, as fatalidades da vida marcaram meu corpo: minhas carnes começaram a minguar, minhas mãos enrugavam como um velho pergaminho sobre o ninho de veias, meus olhos embaçavam docemente e me mostravam o Tijuco de uma distância que aumentava a cada dia. Descobri coisas desconhecidas: dores nas costas, calores, insônia. Minha memória não era mais tão boa para lembrar o passado. Meus ossos ganhavam a leveza necessária para me habituar à ideia de passar para o Outro Lado.

Não sei bem quando deixei este mundo. Uma data qualquer entre o final dos anos 1700 e início dos 1800. Quis ter uma "boa morte", por isso organizei tudo. Na cama de jacarandá com dossel defini a sorte de minha alma, enquanto ouvia piar a mãe da lua. O som da coruja anunciava o fim. Confessei meus pecados e pedi perdão por cada um deles. Recebi o "corpo do Cristo ressuscitado" na forma de eucaristia, para garantir minha ressurreição e, quem sabe, reencontrar meu senhor-moço e velho no dia do Juízo Final. Recebi nos olhos, na boca, nas mãos e nos pés os santos óleos para eliminar toda forma de presença maligna. Escutei o canto das "incelências" para morrer sem medo, as orações murmuradas, o choro dos escravos de casa. Minha mãe dizia que, na tradição de sua terra, a morte era uma viagem para o Além, uma passagem até a reencarnação. O corpo apodrecia. Mas a alma viveria próxima ao vilarejo num estado de grande felicidade e sobretudo de quietude. Que do mundo dos ancestrais, escondida num oco de árvore, a alma poderia interferir no destino dos vivos de forma positiva. Mas isso a minha alma não conseguiu.

Com o rosto cor de cera, fechei os olhos para não ver o pior acontecer. Nossos filhos se puseram a brigar. Deram então início a um processo para tomar posse dos bens do morgado de Grijó, no Brasil. Fizeram tudo o que seu pai não queria: lutaram por fatias do espólio. Não sobrou nada da riqueza cuidadosamente construída. Filhos e netos terminaram remediados ou pobres. Rica, só a minha história. Mais bela e sólida do que qualquer diamante. Pois a linhagem se extinguiu, mas a minha lembrança, não. Fui enterrada no corpo da igreja de São Francisco de Assis, cuja irmandade era reservada e congregava a elite branca local. Tive ofício de corpo presente, com a presença de todos os sacerdotes do arraial, e meu corpo foi acompanhado à sepultura por todas as irmandades de que fazia parte. No ano de minha morte, seguindo disposições testamentárias, somente na igreja das Mercês, foram rezadas quarenta missas por minha alma. Na hora da morte tive enfim todas as condições para exteriorizar a importância que alcancei em vida. Tornei-me a ancestral ilustre.

Eu lhes contei a minha história como os antigos contadores de história africanos contavam as suas. À noite, à luz do fogo, cercados de familiares, amigos e escravos. Na intimidade, entre riso e silêncios. Inventei uma voz que buscou seu canto. Contei uma história de amor e afetos. Eu, mestra das palavras à antiga, descrevi a condição de tantos pretos e pardos. Narrei suas desventuras, aventuras e sucessos. Uma história embutida na outra. Foi uma forma de humanizar os protagonistas, de mostrar a resistência de afro-brasileiros à escravidão, à imigração forçada. Mas também de valorizar a mestiçagem de gente e de culturas, a mobilidade social e a busca da liberdade. Miséria e riqueza. Carne e sangue.

Debruçados sobre meus ombros, os que contaram minha história antes de mim. Historiadores que há décadas ouvem as vozes que escapam dos documentos, reviram papéis antigos, releem documentos. A eles sou grata. Sem eles, nada saberia de mim mesma. Conto-lhes, portanto, minha história na presença deles e desejo que eles estejam contentes porque eu, respeitosa de suas narrativas, as transmito a quem me ouve.

Referências bibliográficas

Abel Jessen, Jasmine. "La 'la shwo cwo', la 'femme qui prend la grossesse': les accoucheuses traditionnelles dans la société senoufo du Mali", *in* ROSANDER, Eva Evers (org.), *Transformation des identités féminines, Femmes d'organisations féminines en Afrique de l'Ouest*. Uppsala, Seminars proceedings nº 13, 1997, pp. 107-119.

Alcides, Sérgio. *Estes penhascos – Cláudio Manoel da Costa e a paisagem das Minas 1753–1773*. São Paulo: Hucitec, 2003.

Algranti, Leila. "Os estatutos do recolhimento das Macaúbas (norma e contravenção: os bispos de Mariana e o cotidiano das reclusas) Minas Gerais: 1745-1850". *Revista do Instituto Histórico e Geográfico Brasileiro*, ano 161, n. 406, pp. 221-251, jan./mar. 2000.

Azevedo, Thales de. *As elites de cor*. São Paulo: Companhia Editora Nacional, 1955.

Bazin, Germain. *Paradeisos ou l'art du jardin*. Paris: Éditions du Chêne, 1988.

Boschi, Caio César. *Os leigos e o poder: irmandades leigas e política colonizadora em Minas Gerais*. São Paulo: Ática, 1986.

Broc, Numa. *Les montagnes au siècle des Lumières*. Paris: C.T.H.S., 1991.

Carrato, José Ferreira. *As Minas Gerais e os primórdios do Caraça*. São Paulo: Companhia Editora Nacional, 1963.

Castro, Yeda Pessoa de. A língua mina-jeje no Brasil: um falar africano em Ouro Preto do século XVIII. Minas Gerais: Fapemig/Fundação João Pinheiro, 2002.

Cerceau Netto, Rangel. *Um em casa do outro: concubinato, família e mestiçagem na comarca do Rio das Velhas (1720-1780)*. São Paulo: Annablume; PPGH/UFMG, 2008.

Del Priore, Mary. *Ao sul do corpo: condição feminina, maternidade e mentalidades no Brasil Colônia*. Rio de Janeiro: José Olympio, 1993.

______. *O mal sobre a terra: uma história do terremoto de Lisboa*. Rio de Janeiro: Topbooks, 2003.

______. "Passagens, rituais e práticas funerárias entre ancestrais africanos: outras lógicas sobre a finitude", *in* Isaia, Arthur Cesar (org.), *Orixás e espíritos: o debate interdisciplinar na pesquisa contemporânea*. Uberlândia: EDUFU, 2006, pp. 33-55.

______. "Crianças das Gerais entre o século XVIII e XIX: uma moeda e várias caras", *in* RESENDE, Maria Efigênia Lage; VILLALTA, Luiz Carlos (orgs.), *História de Minas Gerais: As minas setecentistas*. Belo Horizonte: Companhia do Tempo; Autêntica, 2007, pp. 505-518.

Del Priore, Mary. *Sobreviventes e guerreiras: uma breve história da mulher no Brasil de 1500 a 2000*. São Paulo: Planeta, 2020.

Fernandes, Neusa. *A Inquisição em Minas Gerais no século XVIII*. Rio de Janeiro: EdUERJ, 2000.

Ferreira, Rodrigo de Almeida. *O descaminho de diamantes: relações de poder e sociabilidade na demarcação diamantina no período dos contratos*. Belo Horizonte: UFMG/FAFICH, 2004. (Dissertação de Mestrado defendida na FAFICH/UFMG).

Figueiredo, Lucas. *Boa ventura!: A corrida do ouro no Brasil (1697-1810)*. Rio de Janeiro: Record, 2011.

Figueiredo, Luciano. *O avesso da memória: cotidiano e trabalho da mulher em Minas Gerais no século XVIII*. Rio de Janeiro: José Olympio; Brasília: EdUNB, 1993.

_______. *Barrocas famílias: vida familiar em Minas Gerais no século XVIII*. São Paulo: Hucitec, 1997.

Furtado, Júnia Ferreira. *O Livro de Capa Verde: Regimento Diamantino e vida no distrito diamantino no período da Real Extração*. São Paulo: Annablume, 1996.

______. "Considerações sobre estratégias e formas de resistência da mulher escrava no setecentos". *Caderno de Filosofia e Ciências Humanas*, Belo Horizonte, 1997, v. 9, pp. 104-109.

______. *Chica da Silva e o contratador dos diamantes – O outro lado do mito*. São Paulo: Companhia das Letras, 2003.

______. *Sons, formas, cores e movimentos na Modernidade Atlântica: Europa, Américas e África*. Belo Horizonte: Fapemig; São Paulo: Annablume, 2008.

______. "Transitoriedade da vida, eternidade da morte: ritos fúnebres de forros e livres nas Minas Setecentistas". Texto de apoio – Departamento de História – UFMG. Belo Horizonte, [s.d.]

Hugon, Anne. "L'historiographie de la maternité en Afrique subsaharienne". *Clio. Histoire, femmes et sociétés [En ligne], 21 | 2005*, 21 | 2005, pp. 212-229.

Karash, Mary C. *A vida dos escravos no Rio de Janeiro (1808-1850)*. São Paulo: Companhia das Letras, 2000.

Lovejoy, Paul E. *A escravidão na África: uma história de suas transformações*. Rio de Janeiro: Civilização Brasileira, 2002.

Machado Filho, Aires da Mata. *Arraial do Tijuco, cidade Diamantina*. Belo Horizonte: Itatiaia, 1980.

Mattoso, Katia de Queirós; SANTOS, Idelette Muzart Fonseca dos; ROLAND, Denis (orgs.). *Esclavages: histoire d'une diversité de l'océan Indien à l'Atlantique sud*. Paris: L'Harmattan, 1997.

Mourão, Maria da Graça Menezes. "Ascensão social de mulheres negras (pardas) forras na primeira metade do século XVIII das Minas Gerais". *Revista Científica Multidisciplinar*

Núcleo do Conhecimento. Ano 3, ed. 9, vol. 4, pp. 22-39, setembro de 2018. ISSN: 2448-0959.

Oliveira, Noel Rosa de; FILHO, Anescar Pereira (Anescarzinho). "Chica da Silva". Samba-enredo para o Grêmio Recreativo e Escola de Samba Acadêmicos do Salgueiro, 1963.

Paiva, Eduardo França. *Escravos e libertos nas Minas Gerais do século XVIII - Estratégias de resistência através dos testamentos*. São Paulo: Annablume, 1995.

Paiva, Eduardo Franca; Anastasia, Carla Maria Junho (orgs.). *O trabalho mestiço: Maneiras de pensar e formas de viver - Séculos XVI a XIX*. São Paulo: Annablume; Belo Horizonte: PGH/UFMG, 2002.

Querino, Manuel. *Costumes africanos no Brasil*. Recife: Fundação Joaquim Nabuco/Massangana, 1988.

Reis, Flávia Maria da Mata. *Mineração colonial, métodos e técnicas de exploração do ouro (Minas Gerais - século XVIII)*. Belo Horizonte:

UFMG/FAFICH, 2002. (Monografia final de curso apresentada à FAFICH/UFMG), pp. 25-26.

Risério, Antonio. *A cidade no Brasil*. São Paulo: Editora 34, 2013.

Rodrigues, Aldair Carlos. "Homens de negócio: Vocabulário social, distinção e atividades mercantis nas Minas setecentistas". *Revista HISTÓRIA*. São Paulo, 28 (1): 2009, pp. 191-214.

Rodrigues, Arlindo. Enredo para o Grêmio Recreativo e Escola de Samba Unidos da Tijuca, "Xica da Silva", 2013.

Romeiro, Adriana; Botelho, *Angela Vianna. Dicionário Histórico das Minas Gerais – Período Colonial*. Belo Horizonte: Autêntica, 2003.

Scarano, Julita. *Devoção e escravidão*. São Paulo: Companhia Editora Nacional, 1975.

Scarano, Julita. *Negro nas terras do ouro: cotidiano e solidariedade – Século XVIII*. São Paulo: Brasiliense, 2002.

Silva, Maria Beatriz Nizza da. *Donas mineiras do período colonial*. São Paulo: Unesp, 2017.

Silva, Sabrina Alves da. *"Execrados ministros do demônio". O delito de solicitação em Minas Gerais (1700-1821)*. São João del-Rei: Universidade de São João del-Rei, 2016. (Dissertação de Mestrado).

Thomas, Louis-Vincent. *Les Chairs de la mort*. Paris: Sanofi, 2000.

Thomas, Louis-Vincent; LUNEAU, René. *La terre africaine et ses religions*. Paris: Larousse Université, 1975.

A primeira edição deste livro foi impressa nas oficinas da
DISTRIBUIDORA RECORD DE SERVIÇOS DE IMPRENSA S.A.
Rua Argentina, 171, Rio de Janeiro, RJ
para a
EDITORA JOSÉ OLYMPIO LTDA.
em janeiro de 2026.

*

95º aniversário desta Casa de livros, fundada em 29.11.1931.